JN436578

추억은 아름다워

김창현 시조집

오늘의문학사

국립중앙도서관 출판시도서목록(CIP)

추억은 아름다워 : 김창현 시조집 / 지은이: 김창현. -- 대전 : 오늘의문학사, 2017
p. ; cm. -- (문학사랑 시인선 ; 49)

ISBN 978-89-5669-812-0 03810 : ₩12000

한국 현대 시조[韓國現代時調]

811.36-KDC6
895.715-DDC23 CIP2017009163

추억은 아름다워

김창현 시조집

|책머리글|

글쓴이가 이 세상 처음 글다운 글을 써서 신문이나 교육 잡지에 이름을 올린 일은 1971년 〈새교실〉 9월호에 실린 수필이다.

1970년 3월 2일 충남 서천군 장항초등학교에서 글쓴이보다 세 살 연상이신 김창현(별세하였음) 동명이인이 있었는데 똑같은 초등학교에서 세 번이나 함께 근무한 일이 있었다. 교육청에서도 동명이인이 똑같은 학교에서 근무하기 때문에 호봉승급통지서에도 〈큰〉과 〈작은〉을 통지서에 기록하여 보내 주었고 신문이나 교육 잡지, 그리고 초등학교 가을운동회 때 〈소고놀이〉 프로그램은 모두 〈작은〉이 일을 해 냈다.

처음에는 모두 수필을 집필했고 필화사건이 터진 후 동시, 현대시조로 문학 장르의 진폭을 넓혀 갔다. 개구리도 배꼽이 있나? 수필이 가장 많은 인기를 얻었고, 내 기억도 히트 친 일이 잊혀지지 않는다. 이러한 파란곡절을 거치는 인생 항로에서 얻어지는 생활, 상식 등 정형시를 창작하다 보면 또 다시 동명이인을 발견하고 전남장성까지 찾아 상견례를 올린 사례가 있다.

지금도 끈끈한 인정이 남아 단감농사 때가 되면 가정 살림에 풍요롭지 못할 텐데 꼭 보내주시는 정성이 놀랍고 눈물겹도록 반가웠으며 빚을 지고 있는 심정이다. 이러한 사회생활 속에서 희노애락(喜怒哀樂)이 겹쳐질 때도 있지만 가보(家寶)보다 고귀한 작가들의 글귀는 놓칠 수가 없었다. 여기에 수록된 정형시집 속의 작가들은 1970년대부터 끈끈한 문학 인정의 고리를 잇고 튼튼이 쌓아 올린 금자탑의 주인공들이다.

산수(傘壽)가 내 코앞에 다가와서 마음은 항상 바쁘고 정리하는 습관은 달팽이처럼 늦기만 하다. 내 신체적 조건이 그럴 수밖에 없는 실정이므로 마음의 위안을 찾고, 더 열심히 노력하면 될 수 있다는 신념밖에 남을 것이 없다. 그래도 보여 주고 읽혀 줄 것이 남아 있어야 기억 속에 남는데, 아무것도 남긴 흔적이 없어 후학들에게 항상 부끄러움으로 남아 있다.

우주과학시대가 사회변동을 일으켜, 핸드폰의 발달된 영상과학처럼, 더 편리한, 더 열심히, 더 노력할 것을 다짐하며 조금이라도 도움이 되기를 기대하는 마음 간절할 뿐이다. 80세 산수(傘壽)를 맞아 대전문화재단에서 우수작품으로 선정되어 큰 힘이 되어 주었다. 감사한 마음으로 더 열심히 시조를 빚어야겠다.

2017년 4월 30일

반석산 관촌 편집실

차례

제1부 관촌의 서정과 추억

차례

제2부 아름다운 인연

차례

차례

차례

<u>차례</u>

3부 자작시 해설

1부
관촌의 서정과 추억

겨울 갯마을

내 어릴 때 보릿고개 굶고 지낸 가난 흉년
긴긴 겨울 피눈물 났던 슬기로 살아오며
먼동이 환히 밝아오면 하얀 연기 피었고.

굴 바구니 호미 하나 어린아이 등에 업어
하얀 눈발 뒤집어 써 손발도 얼어 터져
개야도 고향 앞바다 스크린이 지나가오.

대장간 합주곡

갈탄 불꽃 피어 일던 대장간 통 풀무질
시뻘건 담금질 쉴 참 망치질 장단 박자 치다
미움이 무슨 죄가 있사옵기 내리치는 곤장형(棍杖刑)

아픈 만큼 오그라진 몸짓 조여 오는 그림 문신(文身)
혀뿌리까지 들볶았던 멍든 속살 찢겨져도
삶 꼭지 으스러지게 저려 가슴 폈던 내 울음.

첨찰산 쌍계사

동백꽃은 노린 꽃술 알 수 없는 미궁처럼
솔바람 염불타고 여백만 흔들더니
그리움 흘러 할 말 없는 불경 읽던 동박새.

꽃잎 안고 놀던 바람 천수경을 몰고 와서
외진 독방 귀양살이 가슴 한 켠 커진 욕심
기도 끝 손마다 뼈 속 파도 일던 불심가.

바람의 언덕

풍력발전기 오형제가 바람 언덕 지켜 섰고
고랭지 채소밭이 산머리 휘어져도
올 같은 가뭄 흉년에 씨앗 값을 찾았는지.

땡볕 아래 구슬땀을 런닝 바람 땀 절어도
가뭄이 목 줄 타게 골 깊게 깊어가도
은행 빚 조금이라도 갚아야 삶 힘 있는데.

백로 무렵

노란 홍시 고추처럼 빨갛게 익어가고
들판 황금 너울 파도 물결 밀려와도
집 짓는 벽돌공 이마 땀방울이 주렁주렁,

트럭 차량 미화원 꽁지에 매달려서
온종일 쓰레기를 땀 흘리며 일을 해도
종량제 알 수 없는 꿈길 세상 살기 참 어려워.

고향 꿈

저 하늘 북망 가엔 고향별도 떴으련만
어머니 목소리를 애타게 불러 봐도
저 넘어 임진강 북쪽 손짓 끝이 그리워.

뒷동산 진달래도 꽃망울 맺혔는지
봄바람 불어와도 제비들만 마주쳤고
눈물 짠 고향 소식만 목마르게 기다리고.

해바라기

꽃 가슴 꽃그늘도
아침 햇살 피어나듯

환한 그 입가엔
이슬 삼킨 주걱턱이

호박 씨 이빨 아물듯
옹알이를 끝냈는지.

천리향

천리향 코끝 스민
가을 향내 간직하듯

어머니 그리움을
꽃 가슴에 적셔 봐도

남는 건 보얀 안개만
머리칼 끝 앉았나?

초록 꿈길

가을비가 촉촉이
단풍처럼 내린 아침

꿈길마저 뒤숭숭
구멍 뚫린 바위처럼

먼 추억 풍경화 속으로
뒷골목만 돌았네.

고려청자연적(高麗靑瓷硯滴)

복숭아, 오리 모양
강진청자 박물관엔

느낌 좋은 고려 비색
12세기 유약 바른

빛나는 추사체보다
고려청자 눈에 띄어.

* 고려청자연적(高麗靑瓷硯滴) : 국보 제74호.
* 고려청자모자원형연적(高麗靑瓷母子猿型硯滴) : 국보 제270호.

낮달

내비친 살결인 양
맑은 미소 날리더니

빠져나온 저 바람은
해를 마신 숨결인데

구름이 깔리는 골에
네가 홀로 섰구나.

날이 새면 멀건 하늘
한(恨) 풀어 빗다 말고

한 세월 누울 자리
달무리로 돌리더니

새는 날 보얀 햇살에
알몸이고 싶은 너.

우암사적공원(尤庵史蹟公園)

들머리 놀던 바람
간지러운 실안개들

국화 앞에 조잘대는
이슬 젖은 꽃잎마다

활짝 편 송자대전 쓸면서
홍농서당 열어놓고.

북벌계획 출렁이던
풍년 꿈에 벼꽃 피고

놀란 가슴 뜸드는 사이
한 번 쯤은 속을게다

영글던 도학절의(道學節義)품안
따사로움 남간정사.

제삿날

어미님 뵙는 날은
촛불이 밝혀 든다

백설 몸도 타들 때면
마음까지 녹아내려

캄캄한 이승 길 밝히려
숨겨오던 가슴앓이.

새벽녘엔 젖 냄 일고
달 뜬 날은 베틀 소리

눈감으면 얼비치고
눈뜨면 사라져도

고향이 치밀어 오를 때면
울먹이던 떫은 설움.

금강(錦江) 파도 소리

고란사 종소리도 금강 하구 실어내다
꽂 머리 내린 세월 속앓이로 흐느낄 때

하늘 뜻
수평선 너머
고군산 열도 내몰던 날.

초조한 가슴팍은 천길 멀리 이승에서
눈물겹게 쏟은 무게 물굽이로 빙빙 돌다

한 몇 겹
목숨 가누고
고된 삶 마디 비집던 맘.

정민역 유허비(貞民驛 遺墟碑)

계룡산 산굽이 마티재 넘어
필마로 돌아든 아리 고개 정민 역
어명(御命) 받든 말굽소리
쏜살같이 내달렸을 때
뜨거운 밀지 보(密旨 褓) 속살에는
끓고 있는 사약 탕(賜藥 湯)

부릅 뜬 눈초리 지켜보는 재촉 순간
타 들어가는 쌍 불꽃 심지.
턱 수염 흩날린 입술
침 거품도 치솟아 올라
목 줄기 곤두세운 비지땀
흘러내린 실핏줄.

* 고려시대 : 전 공주(전주—공주), 조선시대 : (증약도—충북 옥천)
  조선시대 : 율봉도(청주—강원)이었던 역(驛)
* 규모가 말 여덟 필, 관리인 31명이 상주했던 조선시대 역.
* 대전 유성구 정민동 46-2. 아리고개 부근(2004. 4. 29)건립.

대전 시장(大田 市場)

깃 펴고 눈을 뜨는
뛰는 가슴 그 숨소리

살아 온 깊이만큼
여울지는 햇살만큼

별들이 서성이는 날
들떠 있는 약전거리.

봄 꿈 꾸던 저 씨앗도
보약 찾던 집념 너머

가슴 속에 심어놓은
두고 온 그 이야기가

웃음만 반으로 접어
해님처럼 떠 오른다.

동춘당 선비 마을

첫 여름 긴 한나절
목 갈증도 일던 무렵

아카시아 꽃 향내만
코 끝에 맴돌다가

동춘당 뜰 앞에 내려와
둥지 틀던 까치 떼.

바람 없는 땡볕 더위
헐떡이던 풀잎 허리

모심기가 바쁜 일손
트랙터도 숨 고르다

머언산 산철쭉 꽃 울타리
꽃무늬 일던 한 숲길.

남간 정사(南澗 精舍)

연꽃잎 입 벙글면
쑥국새 청을 뽑고

삶의 무게 가늠 못해
욕심만 부렸다면

시간에 쫓기는 나이
자비로 채울런가

저 산 너머 구름 밖
버들 숲 그 언덕엔

녹음도 축 늘어져
헐떡이던 한나절

온 세상 번뇌 사르고
열반 샘만 파는가.

| 산문시 |

식장산(食藏山)

가난해도 효성 지극
웃고 사는 가정이다

식장산 아래 산밑 동네에 젊은 부부가 살고 있었다. 자식이 하나 있고 홀어머니를 모시고 네 식구가 단란하게 살고 있었다. 가난하지만 마음씨가 곱고 효성이 지극하여 항상 웃고 지내는 집안이었다. 그런데 날마다 정성껏 해 드린 음식을 아들이 먹기 때문에 아무리 효도를 하려고 해도 자식 때문에 할 수가 없었다. 그래서 홀어머니께 효도를 하기 위해서 자식을 식장산에 파묻기로 결심했다. 양지 바른 곳에서 땅을 파는데 밥그릇이 나왔다. 아무래도 이상한 일이라고 생각하여 아들을 업고 집으로 돌아왔다. 하룻밤을 자고나니 밥이 그릇에 한 가득 담아져 있었다. 이상한 일이다. 하늘이 우리를 돕는가 보다. 그래서 더욱 홀어머니를 잘 모셨다. 이리하여 이 산을 밥그릇이 묻혀있던 산이라 해서 식기산이라 부르기도 하고 먹을 것이 많이 묻혀있는 산이라해서 식장산이라 부르게 되었다.

전설이 너무 재미있지요
착한 사람 효자 효녀.

난중일기

인진왜란 7년 동안
손수 쓰신 싸움터 일기.

난중일기의 특색을 살펴보면 7년 동안 계속 손수 쓰셨으므로 수량이 많다는 점 목숨을 걸고 싸우는 전쟁터에서 쓴 점 성품이 엄격하고 효성이 지극하며 나라를 걱정한 솔직한 마음인 점 글씨가 명필이라는 점 가는 곳 마다 승리가 있고 정의가 있으며 백성이 있었다는 점 12척의 거북선으로 몇 곱절의 왜선을 물리친 일을 자세히 기록했다는 점이다 충무공의 손때가 묻은 그날도 쫓기고 잡혀가고 쓰러지고 숨져간 수천만 백성의 울음과 아우성 한숨과 흐느낌이 온 국민 가슴 속에 아로새겨져야 하겠다.

둥둥둥 승전고를 올려라
거북선의 깃발이여.

* 난중일기 : 국보 76호. 62. 12. 21 재지정. 현충사

2부
아름다운 인연

황산 고두동 10주기 추모시

꽃마을 그리움을 꽃 가슴에 간직하고
살아 온 외길만큼 두려움이 아직도
칼바람 지나갈 때마다 솟아 오른 빛덩이.

내 언제 그 널따란 하늘의 마음 얻어
가지나무 햇살 몇 점 지나갈 그림자 뿐
또 다시 연두 빛 너머 정든 꿈을 세우랴!

* 출전(出典) : 황산 고두동(皇山 高斗東 1903~1994) 10주기, 문집. 2003

추억이 아름다워

권 갑 하

덩굴손 휘돌아 감아 쉼터에 그늘 내려
쓰르라미 목청 높여 여름 말복 재촉할 때
노오란 수박 찬물 위 수영하고 있었네.

남보라 흰색 등꽃 줄기 흐드러지게 피었고
들판 지평선엔 청 보리 숲 출렁일 때
뻐꾸기 여름 노래가 흰 구름 몰고 가네.

* 2014. 새봄. 김창현 선생, 시. 〈등꽃이 피면〉을 예당 권갑하 씀.

〈이승과 저승 사이〉 중에서

<u>김 남 구</u>

산그늘 내리는 어둠
내 사랑 잠들지 못하고

눈빛은 자꾸 먼 곳만
목 넘어 울렁이던 밤

젖가슴
맺힌 체증도
풀 길 없는 한 시름.

* 1997. 12. 31 새해 서간문.

용인 민속촌(龍仁 民俗村)

— 외줄타기 줄광대

일천만 관광객을 휩쓸고 온 영화 〈왕의 남자〉 줄타기

아홉 살부터 잘 하면 살 판, 못하면 죽을 판이 될 수도 있는 줄타기 인생을 오십 여년 가깝도록 아슬아슬하게 건너왔다. 초등학교 다닐 때 민속촌이 놀이터, 날마다 풍물, 부채춤, 피리, 대금 연주하는 분들을 따라 다니며 놀고 지냈다. 1982년 5월 5일 용인민속촌에서 첫 공연을 하게 되었다. 그때 중학교 3학년 13살이었다. 스승이신 김영철 선생님한테 민속촌에서 배웠다. 처음에는 줄타기 배우는 사람이 세 명이었으나 모두 중간에 포기하고 혼자만 끝까지 남아 열심히 노력하였다.

부채로 무게중심 잡는 외줄타기 그 비법.

* 김대균(1967, 47세) : 1300년 전통. 유네스코인류무형문화재 등재(2011)
* 김영철(1920~1988) : 중요무형문화재 제58호. 줄타기예능보유자(2000. 지정)
* 경기 안성시 죽산면 매산리 — 줄타기 연습장
* 출전(出典) : 처인문학(處仁文學) 창간호. 2011. 경기 용인시

낭강 사랑(浪江 舍廊)

고향으로 귀향하신 그 숭고한 애향정신
산촌일기 시 쓰시며 서민생활 파고들어
온천의 온양온천이 관광지로 각광받고.

설화문학 창간하고 백일장 길을 열어
농촌정신 문학에 접목하신 그 높은 뜻
후학은 알 것 같아요 시집 속에 읊어 놓고.

풀물든 영창, 별을 줍던 뜨락, 그 시집도 빛나고
논강(論江) 낭강(浪江) 친우사이 문학가교 으뜸되어
별처럼 온 세상천지 영원히 빛날게요.

* 낭강 김동직(1930~2004)님 영전에

일농 김동일 사백님 영전에

예술가 애용하는 까만 모자 눌러 쓰고
가람문학 출판회 때 한밭 땅 찾아오셔
다섯 살 연상 형님 같은 정다웠던 옛 추억.

우편엽서 제작하여 독자에게 나눠주고
궤도 시 쓴 시의 중심 인간도 본받기를
물처럼 깨끗한 생활 시골에서 살았네.

거리가 너무 멀어 한밭 땅 출입 끊고
홍주문학 정성 다해 온몸 바친 시 정신
산 새벽 시조 흔적도 심여수와 똑같지요.

새마을 농공시대 직업 따라 고향 떠나
일 손 없는 시골 농촌 노인들이 농사짓고
품앗이 이웃사촌도 인정 넘친 고향 냄.

거북이 민속놀이 사오백년 전통 이어
시골 선비 시 쓰면서 마음 비운 그 기백
그 높은 일농 시 정신 천추만대 빛나리오.

(2013. 5. 10)

* 충남 홍성군 구항면 마온리 마을이장 - 일농 김동일(逸農 金東日 1933~2004) 별세 회신 받고.

차 한 잔의 사색

말 많아 거칠어진 입안도 헹궈내고
우쭐대던 키도 낮춰 귀까지 씻었더니
다기에 어리는 얼굴 한 눈에 쏙 들더라.

누구나 그리움을 품고 살아 가는 거
그 자리 이슬 받아 찬물을 얹었더니
다향을 먼저 맡고서 백목련이 벙글더라.

* 김영기 시조집 『갈무리하는 하루』(2010)와 서간문을 받고.

다정(多情)도 병(病)이런가

— 김영배(1931~2009)선생님 정년퇴임 축시

노을 속 타는 정(情)이
미련처럼 서러운데

사념(思念)은 아린 숨결
피도는 가슴 어루다가

아직은 뽀얀 입김 보일 듯
머언 노래 같은 것.

만지면 터질듯이
벗겨내면 신음인 듯

저승 끝 어둠 뚫고
고개 내민 이승에는

다정이 흐르는 흰 마음결
오늘까지 몰랐구려.

저 황산 하늘 학이 되어

– 논강님을 애도하며(추모시)

강경포구 펄럭이던 황포돛대 울던 깃발
황산나루 젓갈 통이 소금 끼 절은 치마폭도
옥녀봉 중턱에 걸린 초승달도 울다 지쳐.

봄이 오면 화혼(花魂)되어 삼라만상(森羅萬象) 유람하고
도공(陶工)의 빛난 눈빛 목공(木工)의 대패질처럼
못다 한 미완(未完)의 글 탑 층층이 쌓으시고.

땀 흘리는 여름 되면 매미 노래 벗을 삼아
안에서는 밝은 화목(和睦), 밖에서는 웃음 짓든
모기 떼 부채질하며 쑥 잎 찬가 부르시고.

가을 산 단풍 들면 금강산 시(詩) 다시 읊고
휘갈긴 붓대 필력 묘비명이 섧던 골목
지평(地平)이 맞닿은 수필 귀뚜라미와 책 읽고.

온 세상 하얀 마음 눈 쌓인 겨울에는
지상은 찬란한 꽃밭 지하는 낙원 품에
십자로 흰 눈빛 천사와 극락을 누리소서.

(2009. 11. 14 밤 11시)

씨앗 뿌려야

김 영 환

명리에 밝은 이들 황금 세상 신나는데
관촌은 농군인양 씨 뿌리고 거두셨다.
구슬 땀 아롱진 옷섶 농약 시름 겨루며.

해묵은 씨앗 한 알 싹 틔우는 보람 속에
묵정 밭 이랑 짓고 공들여 가꾸더니
스승 길 의연한 생애 일궈놓은 동시조.

월명산 자락 긴 포구 황해 바다 넘실대고
솔바람 산새소리 뱃고동 파도 소리
그 중에 시 한 수 없고 보람에 찬 항해를.

긴 그림자

김 옥 중

꽃처럼 웃으시는
그 모습이 그립다.

후박들 만나시면
자상하게 이르시고

드리운
그림자는
두고두고 빛나리라.

* 시조문예 2005 제45호

청동빛 아침 바람

시린 눈물 벙근 웃음
육십년을 넘나들다

청청한 푸른 기백
온누리 심던 나날

꿈같은 인생 길 여물 목 앞
죽순 돋는 높은 지조.

큰 하늘 낮달 아래
금빛 세상 넘어 너머

부러움 누리시네
쌓은 탑이 눈부시네

새롭게 열린 무지개 무늬
천년 장수 넘친 행복.

* 창운 김용재의 세계-회갑문집 2003

영랑 김윤식(永郞 金允植) 생가

소나무, 대나무 숲 병풍처럼 둘러치고
빨간 동백꽃 몇 그루 집을 지켜 서 있고

장독대 간장, 된장, 커다란 항아리들
남해 바다 해풍 따라 보글보글 익어 갈 때

보리 숲 종달새도 하늘 높이
남도창 불렀으려니.

남도농악 채상소고춤 고깔소고춤 한 판
강진 고을 떠나 갈 듯 울려, 울려 퍼지고

단도해 섬 등대 앞 뱃고동 긴 소리도
전라병영 월출산 다산 초당 아름다움

모란이 피기 까지는 80여 편의 시
서정시가 살았으려니.

* 영랑 김윤식(金允植 1835~1922)생가. 국가기념물 제252호.

꿈 길 밖에 길이 없어

김 장 수

밀물에 얹어 놓은 고운 꿈 불러 내어
찾은 길 금수강산 빼곡이 쌓은 사랑
낯선 땅 고향이 되어 휘감기는 저녁놀.

고사리 손을 잡고 사랑으로 엮은 세월
되돌아 둘러보니 병풍 되어 다가서고
환하게 피어 있는 꽃 뉘 웃음이 그만 하랴.

옛추억 못 잊어서 열정으로 찾은 고향
극락이 웬말인가 뿌리치고 내달리니
노했던 염라대왕도 손사래를 쳤었지.

배고픈 사도의 길 웃음으로 승화시켜
한 걸음 또 한 걸음 묵묵히 일군 족적
밤하늘 북극성 되어 희망으로 남으리.

흐르는 저 세월을 뉘라서 막을 손가
눈가에 이는 주름 하나, 둘 늘어나도
티 없는 동심의 미소 늘 푸르른 꿈이여!

* 2014. 12. 31 관촌 선생 회수 축시

별 되고 달이 되어

— 팔순 산수(八旬 傘壽) / 김장수

처얼썩 파도 소리 문풍지 울던 날들
빼곡히 쌓인 꿈이 순풍에 돛 달았네
아이들 하얀 가슴에 그림 그릴 붓이 되려.

고운 꿈 가꾸는데 고향 따로 없다하며
수 백리 낯선 땅에 정성 다한 청춘이여
쉼 없이 흐른 세월이 밝은 별로 빛난다오.

오십 년 세월 지나 꿈에서 깬 세상들이
별 되고 달이 되어 세상에 빛 되었네
한 우물 파라 하던 말 가슴 속에 품고서.

한 많은 지난 세월 잊으며 다스린 몸
수 십 권 책이 되어 세상의 거울이라
그 노력 등대 불 되어 금자탑이 되었구료.

세상에 흔한 말이 구구팔팔 이삼사라
이제는 욕심 줄여 건강한 몸 만드시고
나날이 즐거운 날들 백수인생 누리소서.

백제 하늘로 떠난 동암(東岩)님

— 동암 김종성(金鐘聲) 님 10주기 추모시

법무사로 대전에서 부여 통근 바쁘시고
날마다 검은 가방 허리춤에 걸어 올려
시 쓰랴, 사무실 다니랴, 하루 해가 짧으오.

정완영님 시조창작법 복사해서 공부했고
시내버스 만남부터 시조 얘기 꽃피우다
우연히 퇴근 길 만남 동동타령 몇 순배.

정완영은 장산(壯山)이오 덕산(德山)이라 칭찬했고
경주 춘산 둥둥 울리는 남산 북소리라면
부여는 강물 감기는 무거운 종소리 비유.

대전 엑스포 만난 인연 한빛탑 우뚝 섰고
세계를 한곳에 미래를 한눈에 표어 걸고
광복절 엑스포 광장 관광객 물결 몰려드네.

아호문제 농약중독 정다웠던 인생 얘기
맑은 호수 파문일어 근원으로 고요 찾아
회귀의 동암시 정신 넓은 세상 반짝이네.

불태산(佛泰山)같은 넓은 마음

— 유재(裕齋) 사형(詞兄) 희수송(喜壽頌)

푸른 숲속 맑은 물 불태산(佛泰山)을 품에 안고
뿌리 내린 광산(光山)선비 정기(精氣)받은 진원(珍原)땅
지금도 넓은 가슴엔 예쁜 꽃들 피었고.

논밭 갈며 질긴 삶을 양 어깨 짊어지고
진원읍성(珍原邑城) 천년(千年)숨결 단감나무 자란듯
불사조(不死鳥) 너울 춤 추며 하늘 높이 날았네.

피땀 흘려 가꾼 큰 꿈 먼 앞날 내다보고
알뜰하게 지킨 가풍(家風) 천만년(千萬年) 빛내도록
한 평생(平生) 시조정신(時調精神)을 꽃 가슴에 새기소서.

불태산(佛泰山) 가실 마당 고향(故鄕) 향해 부른 노래
진원(珍原)풍월(風月) 그 높은 뜻 천만리(千萬里) 뛰어 넘어
뒤늦게 깨우친 슬기 저 천추(千秋)에 빛내리.

(2012. 11. 12 단감을 하사(下賜)받고)

불태산(佛泰山)에 꽃이 피네

— 유재(裕齋) 사형(詞兄) 산수(傘壽) 축하송(祝賀頌)

노령산맥 불태산(佛台山])이 장성(長城)땅에 우뚝 솟아
오곡백과(五穀百果) 무르익고 해마다 풍년(豊年) 들고
대대로 혈맥(血脈) 이어온 광산김씨(光山金氏) 가문이여.

지역사회 역사 정리 과학문명(科學文明) 받아들여
이십세기(二十世紀) 앞장서서 컴퓨터로 다스리고
뛰어난 단감 농사(農事)도 우수 품종(優秀品種) 심었네.

논 농사(農事)도 좋은 품종(品種) 가족처럼 가꾸시고
조카. 손자 천하제일(天下第一) 가문도 빛내 주고
인터넷 배운 기술로 생활수기(生活手記) 우수 상(優秀 賞).

제2건국 으뜸 운동 장성문학 문학춘추
호남시조 현대시조 시조문학 조예(造詣) 깊어
가난을 뛰어넘은 재주 풍요가정(豊饒家庭) 일으켰네.

고향(故鄕) 향해 부른 노래 장성팔경(長城八景) 넘어 가고
깊은 밤 부부(夫婦)사이 끼어 든 반월(半月)인가
먼 훗날 무궁화꽃 피워 자손만대(子孫萬代) 누리소서.

인연(因緣)

노령산맥 불태산 자락 장성 유재 선비 만나
해마다 단감 풍년 형제 핏줄 인정 넘쳐
한(恨)세상 동명이인 끼리 시조 만 수 짓고 사세.

이 세상 모두가 인연으로 얽힌 세상
이름 석자 같은 인연 정으로 설키었네.
그동안 오갔던 정을 저 먼 곳까지 이어 가세.

* 이름이 똑같은 김창현(金昌鉉)끼리 현대시조를 창작하고 있음. 화답시조 : 인연(因緣)—김창현/ 유재—전남 장성

한국시조 뿌리를 묻다

— 시조명칭유래비 앞에서

판소리 파생했던 한국전통 고대시조
창(唱)으로 소리 높혀 전통시조 전승되고
한(恨)의 맥(脈) 무형문화재 보전되어 길이 빛나.

평조, 우조, 계면조, 시조창 본질 찾아
조선팔도 지역마다 사투리가 특색이듯
한국적 내포네 시조 길이 빛낼 문화유산.

꽃다운 꽃 진정 참꽃 귀여움 차지하듯
시조다운 정가시조 민속 슬기 한데 모아
빛나는 유네스코세계유산 현대 꽃을 피우리.

* 충남 서천군 화양면 대등리 〈고령신씨종가〉
* 2014. 10. 30 답사, 석화(石花) 신광수(申光洙)
(1712~1775)묘역.

세계에 우뚝 서라! 숏대여!

— 숏대문학 창간 100호 기념을 축하하며

바람도 잔잔하여 고요가 고요를 몰고 와
햇살이 빛나는 아침 숏대의 손짓이
꿈속의 숨결처럼 커다란 나무숲으로
일백호를 알뜰하게 층층 쌓기까지
피땀과 코피와 눈물로 장애인의 씨를 뿌려
메마른 돌밭을 일구고 가꾸듯
한국 땅의 장애인을 캄캄한 어둠을 뚫고
묵묵히 앞장선 숏대야!
사랑의 따뜻한 힘으로 풀꽃 같은 연약한
끈질긴 목숨도 온 세상 끌어안는
숏대로 우뚝 서서 아름다운 숏대 꽃을 피워라.
찬란한 햇살처럼 영원한 하늘처럼
무궁화로 꽃 피기를 두 손 모아 기도하며…

(2015. 1. 18)

소나무

— 시조짓기 지도자료 | 중 · 고등학교

청자 빛 고운 멍울 침묵으로 휘몰다가
겹동안 구운태깔 나이테로 부름켜다
저승 앞 번을 가지 끝 닮아가는 구름깃

천년사랑 푸르름만 내 숨결도 몰래 키워
골 깊은 곧은 정절 눈빛 새긴 기백 무늬
산처럼 하늘 이고 앉아 무릎 깁던 거친 손 끝.

* 초등학교 시조짓기 지도자료 - 감수위원. 김현종 님.

우주 정거장

— 시조짓기 지도자료 | 중 · 고등학교

예쁜 별이 반짝이는
은하수 뒷동산엔

돌아가신 우리 어머니
별나라에 계실 거야

은하수
요술기차 운전 배워
내가 태워 드려야지.

* 한국시조시인협회 2009. 12. 5 Daum 카페(문주란 꽃)

충청도 선비 천국 가다

— 김학응(金鶴應 1935~2013) 시백을 애도하며

글탑문학 창간호로 불교문협 맺은 인연
청각장애 주고받던 정다운 시 바람결에
쑥고개 너머 너머로 천국 땅을 어찌 갔소.

시도(試圖) 창간호 여섯 한 뜻 모은 그 충심이
동시대 제자호(題字號)가 꼬부라진 지팡인지
바람에 물어 본다오 불립문자 동천 어디요?

이른 봄 목련사에 시집을 쌓아 놓고
한강 장시 쓰다 남은 싯구 언제 꿸 것인지
오늘도 문답 하나를 금강연가 통곡하오.

법문(法問)

— 김해성 박사 회갑 축시

큰 스님 불도 백년
여기 와 해탈이오.

부처님 품안 이오
불심 깊어 득도 했소.

나는 왜 독경 소리에
마음 진정 못하오.

해탈에 오르던 길
그리도 험 하온지

문학의 인생 구비
법문이 어렵고야

자비도 반만 업고서
이승 고개 넘었구려.

월명산 푸른 하늘

— 석천 문복선(石泉 文福善) 교장 정년퇴임 공덕가

드맑은 넓은 황해 월명산도 지켜섰네
진리 좇는 충절 슬기 끈질기던 외곬 인정
한가득 눈부신 어질머리 푸르 청청 살어리.

올곧은 시조 천품 온누리 얼 값진 빛발
무애 노산 재주 자랑 뿌리 깊은 질긴 심술
고아한 그 기품 어진 선비 집념 등불 밝혔소.

산이 몰래 벗어 놓은 이슬 바람 챙겨 두고
파도소리 홰 울음도 눈빛마저 아리는데
흥부네 세월같던 내 뜨락 깊던 꿈을 가꿀게오.

오백년 향나무 숲처럼

— 석천 문복선 시우 희수공덕송(喜壽功德頌)

아지랑이 안개 숲속 내 인생도 험악한 길
꽃 피고 새가 우는 즐거운 날도 있었지만
마음을 올곧게 세워 시인으로 우뚝 섰네.

조선부터 한양도읍 어처구니* 올려보듯
처음부터 고등학교 방송통신 뿌리 내려
먼 앞날 터득했는지 생각 깊은 처세술.

만주 벌판 북풍받이 비인만(庇仁灣) 휘돈 바람
황해 바다 쌍도 섬을 무지개로 그렸는지
가난도 물러 섰거라 보기 좋은 천국 일레.

또 하나의 그리움, 마당, 낯선 외출
장포리 가는길, 징검다리, 꽃, 그 아픔의 미소,
줄줄이 이어 나온 시집, 읽을 새도 바쁘고.

가늘게 뜬 눈초리가 별빛처럼 빛난 지혜
산 지식 역사 엮듯 인생 콩트 넘쳐 흘러
천 만수 누리 옵소서 앞날의 명품 되길.

(2014. 2. 8)

* 어처구니 : 왕과 관련된 옛집, 지붕, 장식기와 추녀마루의 팔작지붕, 맞배지붕 위에 삼장법사, 손오공, 저팔계, 사오정, 이귀박, 이구룡, 마지상, 삼살보살, 이산갑, 나토두, 무명이 나란히 올라 앉아 있다.(창덕궁 지붕, 위)

당신의 큰 가슴엔

문 복 선

아름다운 꽃나무를 가꾸시던 그 큰 손길
이제 그만 손길 놓고 쉬시려 하십니까
아직도 당신의 가슴엔 예쁜 꽃들 피는데.

유리창에 묻은 먼지 사랑으로 닦아 내고
천진스런 생명들을 가슴으로 세웠으니
그 뜻이 찬문을 넘어 큰 나무로 푸릅니다.

해와 달 그림자를 멜빵 걸어 짊어지고
긴 숨 한번 못 쉬고 달려 온 한 평생을
정원사 가위 만큼을 사랑으로 사신 당신.

그 맑은 눈빛으로 삶의 골목 색칠하고
한으로나 핏빛 영혼 시심(詩心) 깊게 토해 내면
밤하늘 큰 별빛 되어 가슴가슴 적십니다.

고매한 인격이며 넉넉한 가슴일랑
이 세상 어디에든 뿌리로 돋우소서
그 뿌리 올곧게 자라 우리 삶을 덮으리다.

웃는 갈대

문 복 선

피멍든 가슴들이
강물 위를 걷고 있다.

침잠하던 시간들이
한(恨)처럼 솟구치다

갈대 꽃
하얀 몸짓에
순백(純白)으로 웃는다.

* 문복선 - 한가(恨歌) 화답(和答)

눈 감으면

문 복 선

눈 감으면 어리는 건
남쪽 하늘 파란 바람

넘어넘어 꽃 향기
묻어오는 아침나절

청보리
고갯마루엔
산새 알이 뜨겁다.

* 문복선 – 다시 한 번 금년엔 더욱 건강하길 기원하네.

울돌목

문 주 환

명당해협 성난 파도
억겁을 들이치다

단산에 달이 뜨면
강옹강수우 월래 소리

오늘도 그날의 함성
울먹이는 물굽이.

* 문주환 님이 최말식 님의 소식을 전하며.

한밭청솔나무

– 문학사랑 100호 발간을 축하하며

계룡 팔경 뽐낸 풍경 문학사랑 글빛 내듯
계룡산 청솔나무 한국 땅 우뚝 서서
하늘 탑 높이 솟아올라 온 세상을 누렸네.

글 꽃처럼 가꾼 문도(文道) 오봉산 봉우린 양
백두대간 뻗어 내린 아람 찬 줄기 굵은 뿌리
드넓은 기름진 터전 무궁화로 피었네.

땡볕처럼 쏟은 정열 새싹처럼 가꿔내고
방방곡곡 밝힌 등불 천년 빛낸 백제 금관
오늘도 큰 꿈 열리는 문학사랑 열매여!

푸른 동해 무지개 집 용트림을 뒤틀듯
넓은 우주 글탑 쌓듯 만년을 쌓아 올려
아! 빛난 문학 탑이여! 빛 고운사랑 탑이여!

(2012. 3. 6 한밭아동문학)

개나리

박 근 칠

반가운 봄 소식을
물방울에 가득 담아

꿀벌 나비 친구 주려고
길가에 나왔더니

봄바람
간지럽다고
크게 웃는 노랑 꽃잎.

* 관촌의 『등대 도깨비』 발간 축시

조시(弔詩)를 읽을 때

그립던 뜨거운 정(情)
어찌 그리 버리시고

눈물방울 떨어지다
말을 맺지 못했지만

이 가슴 목청도 맺혀
어찌 읽어 내려갔소.

* 구름재 박병순(朴炳淳 1917~2008) 조시(弔詩) 읽던 모습을 보고.

한밭에 사는 여치

흙 냄새 그립다던 목척다리 풀섶 아래
불빛 창밖으로 어슴푸레 반짝이면
새하얀 모시 한 타래 북실 꾸리 감는다.

달빛에 어둠 깔려 어둠이 짓눌려도
온 밤 철벽이다 부르튼 손 보듬으며
세모시 헝크러진 실 빗질하며 튀운다.

가슴에 일렁이는 눈물 설음 한(恨)을 짜서
모시적삼 새털무늬 핏빛으로 물들이고
불타는 사랑 못 잊어 앙가슴만 쓸어낸다.

＊ 한빛탑과 별무리의 노래 1993 (대전 EXPO '93 기념사화집)

한국동시조 글탑

— 박석순(朴錫順 1936~2011) 시인 추모시

무등산 산마루 쯤 서석대 지켜보고
영산강 흘러 내려 남해로 돌아 갈 때
한국 땅 동시조 글탑 십 오층이 넘었네.

광주호 바라보며 식영정 마주 앉아
발생지가 이곳인데 진본 많은 성산별곡
상사화 꽃, 잎, 이별처럼 오늘 처음 슬퍼졌소.

까치 떼 노래하던 극동방송국 찾아와서
소나타 차 안 인정 점심 나눈 따순 숨결
언제 또 못다 한 큰 별 다시 헤어 보겠소.

빛고을 빛난 꿈을 한밭 땅과 교류하며
백일장 동시조, 품(品) 앞장섰던 양 무대
바쁘게 떠나셨지만 승천 궁궐 만나요.

* 2012. 12. 10 현대동시조 창간 12주년을 맞으며

지금도 당신의 뜨건 가슴은

— 월하 박재서(朴宰緖) 정년퇴임 공덕가

청란초 정을 쏟아 손길마다 향을 일궈
꽃나무들 밀쳐놓고 시린 허리 펴시려나
참뜻이 고개 넘던 길 쉴 참이 되었는가.

해 달 그림자를 짊어지고 다니면서
예쁜 꽃들 가슴 펴게 사랑으로 가꾸다가
큰나무 푸른 하늘도 쉬어가던 인생 길.

맑은 눈빛 질긴 삶을 정원사로 키웠는가
아린 핏빛 시심(詩心) 깊게 일월도(日月圖)를 엮어오다
큰 별빛 텃밭 가꾼 문도(文道) 새 우주 열으소서.

* 박재서 시집 『푸른 꿈 푸른 일월도』-축시 2001

늘 푸른 끈기, 외송(外松) 하늘

– 외송 박종국(外松 朴鐘國) 시인(詩人) 고희송(古稀頌)

참사랑 인생(人生) 길을 고희(古稀)까지 지탱하며
쓰디 쓴 인생(人生) 고갈(苦渴) 얼마나 삼켰는지
늘 푸른 저 외송(外松) 하늘 샛별 꿈도 커 가고.

시, 수필, 아동문학, 터전 넓힌 동시(童詩)까지
재주꾼 펄펄 뛰는 숭어 떼가 뛰뛰듯.
아이들 눈높이 앞길 신호등(信號燈)처럼 더 빛나고.

세무사, 공인중개사, 바둑처럼 쥐어짜고
인생(人生) 길을 올곧게 바른 문도(文道) 꿰뚫어서
먼 앞날 불빛 등대로 우주 항해(宇宙 航海) 되소서.

* 정형시(定型詩) 2016. 4. 20 짓고 쓰다

파종

박 헌 오

물 한 컵 산과 구름
날아가지 않는 꿈이고자

돌 하나 외롬과 눈물
지우지 않는 몸이고자

산동네 가파른 길 끝
품은 열매 옹골차다.

골안개 그 아래로
목탁소리 따라 돌고

바람에 옷 벗은 숲
그리움 퍼붓는데

만생화(晩生花) 숨이 찬 씨앗
느릿느릿 누리는 계절.

* 박헌오 시조시집 『석등에 걸어둔 그리움의 염주 하나』 1993.

개구리 산조(散調)

백 승 수

얼마나 오랜만에 문을 여는 고용인가
지척이 천리라도 개나리는 밝게 피어
살아온 유년 하늘이 아른아른 펼쳐진다.

강 언덕 개나리꽃 노랗게 필 때마다
하잘것 없는 일이 새파랗게 돋아나서
기억의 노랑나비 떼 바람 따라 나풀댄다.

생각은 생각대로 실로 찬찬 감겨 온다.
그리움이 피어나는 노오란 그 색감으로
퍼지고 자지러지는 작고 작은 종소리로.

금방 솟아오를 나비 떼로 앉았다가
흔들리는 강물 속에 고스란히 비칠 때면
이 봄도 노랑물 흐르는 천지간에 물소리다.

＊ 백승수 시조집『제2의 돌』중에서(1995. 5. 27)

뿌리공원

우리 조상 대대로 내려 온
깊은 뿌리 모였네

내 집안 뿌리 나라 지킨 날
뿌리내린 오늘까지

민족 얼 여기에 숨었네.
내 앞에 다가섰네.

* 한국동시조 2003 봄호.
* 제7회 대전효문화 뿌리축제(2015. 10. 9~11)

지워지지 않을 향기

서 영 자

외길 인생 험하고 멀고도 높더니만
아낌없는 정열로 다지고 쌓은 정성
층마다 서린 땀내에 발자국도 젖었네.

한 평생 교단에서 우리 것을 찾고자
옛 시인들 남기신 시조가락 읊던 소리
땅거미 내려앉아도 메아리로 남았네.

가늠할 수 없는 깊이 비바람도 외면하고
온누리에 돋보이신 스승의 그 높은 뜻
오늘이 지나고 나면 기억 속에 새로 우리.

* 관촌 정년퇴임 송시

햇살 밭을 가꾸다가

서 영 자

이승에서 목숨 앗는 농약중독 가슴앓이
저승에선 한 잔 술에
시름을 달래던가
혼자서 다녀온 그 길이
외롭지는 않았는지.

이승의 끝자락이 저승의 문턱인 걸
멀고 먼 여행길인가
삼일이 걸렸잖소
애끓는 쑥국새 슬픔이
허공을 메우더니.

빈손으로 떠났는데 무엇을 받어왔소.
무거운 봇짐 풀어
햇살 밭을 가꾸다가
남은 생 갈고 닦아서
밝은 빛 남기소서.

하늘나라 꽃밭 정원

— 서정슬(1946~2015)시인을 추모하며

하늘나라에도 눈비가 내리고
비바람도 몰아치고

찾아다니는 벌, 나비도 눈 내리는 추운 겨울에 먹을 양식을 피땀을 뻘뻘 흘리며 열심히 일하고 있겠지요? 우리가 살고 있이 땅에도 열심히 일하고 마음 좋은 꽃, 과일을 가꾸듯 더 열심히 노력하고 있는 착한 사람만 떡가루처럼 마음씨도 하얗고 깨끗해 졌으면 얼마나 좋겠어요? 나도 하얀 눈꽃송이처럼 깨끗한 마음씨를 닮고 싶어요?

삼가 고인의 명복을 기원하며
두 손 모아 기도합니다.

(2015. 9. 1 관촌)

봄 햇살로 피는 문도(文道)

— 신재후(申載厚 1931~2010) 축시

시린 삼동(三冬) 걸린 세월
촛불 되어 다 태우고

한 평생 머물도록
시조 텃밭 가꾼 치성(致誠)

저절로 샘솟는 문화(文華)
밤하늘의 별로 뜬다.

눈 속의 대나무요.
청솔의 선학(仙鶴)일세.

동시조 뛰는 맥박
봄 햇살로 뛰는 문도(文道)

새벽 강 닻을 올리고
새 우주를 열으소서.

핏줄 꿰어 엮어온 정

— 선생님 정년퇴임 축시

질긴 세상 땀 절으며
함께 믿고 살자더니

아득히 쌓인 침묵
몇 만겁 삭힌 한(恨)을

몇 군데 또 금간 정을
핏줄 꿰어 엮어 온 걸.

차라리 피멍져서
홀로 겨워 닳은 아픔

멍든 가슴 아물날이
마주 웃는 높이만큼

오가는 정 쓸고 담은
돌고 도는 숨결일레.

코끼리 띠 정식이 시우(詩友)

— 정강 신정식(1938~1995) 천국승천 10주기

토요일 오후 일요일 아침 호서문화사 기와집
비가 오면 줄줄 새어 세숫대야 늘어놓고
아침 때 해장 하러갔는지 교정보다 없어졌네.

월하, 정강, 관촌, 삼총사 셋이 만나
가양식당 문턱 닳듯 들랑거린 그 추억이
쌀밥은 껄껄하다고 입도 대지 않았네.

여직원이 한문 공부 어려워서 못 배우고
뱃속이 쓸쓸한지 막걸리가 아침밥
온종일 배고플 때는 밥보다 술 먹었네.

병원에 누웠을 때 찾아가서 만나보고
나이 속인 그 죄 값이 먼저 승천 간다고
코끼리 띠가 십이간지 어느 곳에 있던가?

세상 떠난 몇 년 뒤 월하, 관촌 시비 찾아
쓰다듬고 만져 보고 사진 찍어왔지만
정다운 그 옛날 추억 영화처럼 스쳐갔네.

꿀맛 꽁보리밥

— 신현득 축시, 할아버지 때 얘기

허기진 배를 채운 보릿고개 꽁보리밥
뚝배기에 수북 담고 물김치 건져 얹고
고추장 끓인 된장 놓아 비벼 먹던 꽁보리밥.

호박잎, 깻잎 쪄서 싸먹어도 맛이 났지.
풋고추 매운 맛에 입을 호호 불었었지.
꿀맛이 거기 더 하랴 안 잊히네 꽁보리밥.

* 신현득 동시조집 『칠백년만에 핀 꽃』 2010.

Goodbye 2014

– 원두재 신현창(元頭齋 申鉉昌) 시백 문안시

청마가 짐 다 쌓아서
젊어지고 떠날 준비

이제는 일곱 시간이면
파랑양과 임무교대

내일부턴 5자 쓰기
연습 게을리 하지 않으렵니다.

원두재(元頭齋)에 꽃이 피네 · 1

월명산(月明山) 꽃동산엔 신씨문중(申氏門中) 펼친 세상
정든 눈빛 움튼 문도(文道) 태양처럼 창창하고
꿈같은 인생(人生)길 엮어 온 누리에 심었네.

층층으로 쌓은 글탑 눈부시게 빛나더니
해탈(解脫)처럼 그 높은 벽 득도(得道)마냥 뛰어넘어
새 우주 텃밭 가꾼 시심(詩心) 신선(神仙)길을 열었네.

끈질긴 삶 정(情)을 쏟아 마음결 고운 슬기
꿈틀거린 월명정기(月明精氣) 사랑방(舍廊房) 집을 짓듯
하늘 탑(塔) 뜨건 가슴 속 수억 겁(數億 劫)을 빛내리.

* 〈문학사랑〉 2012 봄호, 시조시인(時調詩人) 등단(登壇) 희수기념(喜壽記念) 축하(祝賀)

원두재(元頭齋)에 꽃이 피네 · 2

— 산수(傘壽)를 앞당겨 축하(祝賀)하며

월명산(月明山) 푸른 소나무 비인만(庇仁灣)을 굽어보고
봄, 제비도 맥맥이도 즐거워서 춤추는 곳
대대로, 혈맥이어 온, 평산신씨(平山申氏) 가문이여.

공주사범(公州師範) 졸업 후엔, 미술조예 깊어가고
희수(喜壽)가 눈앞 일 땐 현대시조 연찬(硏鑽)해서
글 꽃도 큰 꽃 피었네, 재주 좋은 원두재(元頭齋).

사회문화 발달(發達)되고, 과학문명(科學文明) 받아들여
컴퓨터 일찍 배워 20세기(二十世紀) 앞장서고
뛰어난 아름다운 색깔 골라 쓰는 그 솜씨.

현대시조(現代時調) 동시조(童詩調)도 어른 애들 입에 맞게
글 솜씨도 숨은 슬기 뒤늦게 튀는 지능
선비가 따로 있는가, 미술 · 문학(도사(道士)인 걸.

세상(世上)이 넓다더니 재주꾼은 좁은 게고
온갖 꿈을 함께 모아 무궁화(無窮花)로 꽃 피워서
먼 후세 영광(榮光)된, 명예(名譽), 길이 남겨 주소서.

어처구니 · 1

팔각지붕, 맞배지붕, 추녀마루 나란히 올라 앉아.

왕과 관련된 주요 옛집 지붕 장식기와의 일부로 추녀마루 우진각 및 (팔작지붕의 경우나) 내림마루(맞배지붕의 경우) 위에 나란히 올라앉아 나름대로의 각기 다른 이름과 모습으로 줄지어 있다. 다만 어처구니가 11개인 경우, 10번째 이름은 있지만 모습을 알 수 없게 했고 마지막 열한 번째 이름과 모습은 모두 의도적으로 알 수 없게 만든 듯하다. 건물 지붕 위 어처구니 수가 다른 이유는 주 건물과 정문에 따라 구별되며 주 건물의 사용자에 따라 다르고 건물의 이름인 건격(建格)에 따라서도 다르다. 어처구니의 의미는 나쁜 기운을 막아주고 재앙이 없도록 바라는 상징적 의미가 있다. 불교소설 서유기의 등장, 인물과 불교인물 삼살보살도 있다. 땅의 신을 나타내는 도교적 요소가 있고 유교는 땅 위에 있고 지붕 위에 불교와 도교가 모두 집을 지켜주는 의미가 있다. 삼장법사, 손오공, 저팔계, 사오정, 이귀박, 이구룡, 마지상, 삼살보살, 가산갑, 나토두, 무명

마지막 어처구니는 그 흔한 이름조차 없다.

어처구니 · 2

경복궁 어처구니가 670개나 된다고.

추녀마루 모형이 각각 다른 사물이 앉아 있는데 전(殿), 당(堂), 각(閣), 루(樓), 문(門), 묘(廟)는 어처구니 수가 각각 다르고 합(閤), 재(齋), 헌(軒), 정(亭)에는 어처구니가 없다. 삼장법사, 손오공, 저팔계, 사오정, 이귀박, 이구룡, 마화상, 삼살보살, 천산갑, 나토두, 무명(無名), 같은 정전(正殿)이라도 궁(宮)에 따라 어처구니 수가 각각 다르다. 〈의문점(疑問點)〉 1) 짝수 어처구니가 앉아 있다는 점. 2) 내림마루, 맞배지붕, 팔작지붕은 적용되지 않는지 의문. 3) 건물에 살고 있는 사람(인물)을 추녀마루에 앉아 있는 사물들이 지켜준다는 유교의 영향이 아닌가 싶다. 어처구니 수를 보면 경복궁-670, 창덕궁-434, 창경궁-136, 덕수궁-152, 경희궁-136, 조묘-42, 문묘-58, 서울의도성문-5, 어처구니-180개,

아무리 자기가 똑똑하다고 생각해도 이런 상식은 알고 있어야.

* 한밭시조문학 2015 제 27호. 〈표지사진〉을 보고 의문점을 풀어 본다.(2015. 12. 4 대전문학관)

남산동 인수재(南山洞 仁壽齋)

— 가인 오승희(苛人 吳昇姬) 박사(博士) 회갑을 기리며

금정산 빛 보얀 새벽
부르며 따라가며

정든 눈빛 기침소리
바람 불 때 살이 울고

죽순이 움트는 꿈틀거림
두 귀 열고, 들을 게고.

해맑은 웃음소리
음정을 맞추다가

이슬 젖은 가슴둘레
따순 입김 감싸주다

땀방울 핑그르 구를 때도
손 끝 마디 피 돌 게고,

* 시조(時調)와 비평(批評)-편집(編輯). 주간(主幹).

땅 끝 일출제(日出祭)

– 계산 용진호(溪山 龍珍浩 1933~2001) 10주기 추모하며

가람 탄신 100주년 때 수우재(守愚齋) 뜰 마주 앉아
접는 부채 더위 쫓는 해남 선비 계산님을
손가방 무겁게 들고 세미나 때 상견례(相見禮) 나눠.

현대시조 대전대회 83년 때 빛내주고
수준 높은 서예 달필 포치법이 일품이며
전남대 농대 중퇴한 한시(漢詩)가 수려했고.

시조집을 보내주면 또 빛졌네 전화 주고
남해안 꽃 소식을 제일 먼저 전해 주신
다섯 살 연상 큰 형님 시조생활 힘쓰시고.

한듬문학, 누리문학, 해남신문 이름 날려
불교문예 작품세계 땅끝 찬가 흘러 나와
해남 땅 터줏대감님 한국방송 샛별 떴네.

수석송(壽石頌)

우 제 선(禹濟鮮)

푸르른 바다 속에 우뚝 선 산봉우리
산 속에 고인 호수 퍼붓는 폭포인가
신선이 노니는 자리 불로초에 이슬이.

촉석루

우 홍 순

탄탄한 돌벼랑 위 가부좌처럼 이는 평화
안빡의 회오리에도 일곱세기 예순 여년
곧은 맘 넉넉한 모습 흐르는 청류 굽어 본다.

강바람 벼랑 타며 무심한 척 머물다 간다.
바람은 세월 따라 그 빛과 소리 다른 것을
가슴을 활짝 열어 놨으니 올라 앉아 듣고 보란다.

* 우홍순 시조집 『출장복명』 2006

글 다듬는 선비

유 동 삼

김 하나로 살이 되게 맛있게 잘 드시고
창문 너머 맑은 하늘 바라보다 따 오르면
현명한 생각 다듬어 시조 지어 즐기는 분.

김씨 문중 큰 별 되어 하늘 높이 자리하고
창공에 나는 새들 땅 위에 피는 꽃들
현직에 계실 때 보다 글 다듬는 선비여.

사당(祠堂)

— 육영수(陸英修 1925~1974) 여사 생가

고추장, 된장 익어가던 장독대 뒤
언덕 빼기 올라 홑집 사당 앞뜰

굽 낮은 제상 아담하게 차려놓고
삼정승 양반집 99칸 기와집엔

하인들 통방아 찧던 연자방아
황소 몰고 돌아갔네.

녹음 짙은 백중날 호미 씻고 쉬는 칠석
농악놀이 한바탕 윷판도 돌아 갈 때

부녀자 누에치기, 옷감 짜기, 모시옷 만들기
피땀 흘린 육신 주름살 구비 넘어

한가위 추석 명절 기다리며
농부가를 불렀으리.

목련꽃 그늘에서

— 석천 윤황한(石泉 尹晃漢) 장형작가(長兄作家)

찬바람 이겨내고
가지 끝에 머물던 꿈

가슴에 핀 꽃망울
영롱한 모습 담아

춘분 절 꽃샘추위 속
하얀 웃음 자아낸다.

한 점 순정으로
그리움을 띄우더니

꽃등 켠 순백의 향연
두 손 잡던 나비들

짧은 해 목련꽃 그늘
머물고 싶은 한나절.

* 윤황한 시조집『아침을 여는 꽃』2010

저 높은 무지개 사랑(舍廊)집

— 미수기념(米壽記念) 공덕송(功德頌)

예천 땅 꽃 향나무 한밭 땅에 가꾸시고
아린 손길 청춘 바쳐 일궈 놓은 글밭 꿈
팔순을 뛰어넘은 지금 상사화로 꽃 피려니.

새벽녘 샛별처럼 반짝이던 그 별빛
지나가는 바람 불러 내 앞 길 속삭이고
죽순이 꿈틀거리다 맑은 해를 보고파서.

만지면 터질듯이 쓰린 고통 참아내고
북쪽에 두고 오신 그리운 모정 담아
큰 뿌리 올곧게 뻗어 천만년 우리고져.

오가는 정 한(恨)을 쏟아 피멍지는 높은 문도(文道)
침묵처럼 쌓인 가슴 푸른 기백 청청하게
저 높은 무지개 하늘가 사랑(舍廊)집 지으소서.

(2012. 4. 5)

문자 메시지

이 가 은

먼 안부 잊은 듯이 불현듯 전해오는
꽃물 찍듯 짧은 호명(呼名) 압축 풀어 해독하고
간간히 말줄임표로 징검다리 놓은 마음.

쌈박한 이모티콘 그 은유의 고운 꽃비
때로는 느낌표로 하르르 날고 싶어
추스른 만장(萬丈) 그리움 메아리로 앉힐래.

* 문자메세지 - 이가은. 한국정형시선 2013

화답(和答)

— 이계상(李啓祥) 화답시

백설이 자욱한 날에 임의 꿈을 꾸노라
얼마쯤 다가가서 두 손목 덥석 잡고
향긋한 오선주 한 잔 마주 앉아 나눴으면.

보일 듯 사모하는 님의 자태 그리워라
따스한 오선주로 긴 긴 밤 지새우다
권주가(勸酒歌) 한 가락 홍도 마주 앉아 불렀으면.

* 갑술년(1994) 원단. 충주 이계상(李啓祥 1927~)

목탁소리 그 목소리

— 삼산 이광렬(三山 李光烈 1936~1997)시인 애도하며

찬불가 목탁소리 청곱게 퍼지더니
회갑 술 잡수시자 무엇이 바쁘길래
황천길 극락전 앞에 그리 곱게 가셨구려

지묵향 번진 옷섶 태권도 기합소리
꽹과리 멋진 장단 그 숨결 하도 고와
떨리는 꽃 가슴에도 그 목소리 그 목소리.

전국시조창을 으뜸으로 뽑아내고
농악, 목탁, 수석, 옥상농법, 태권도, 서예
못다한 임의 영전에 달빛 가득 받으소서.

* 〈가람문학〉 1997. 제 18호.

왕궁(王宮) 정기 파주(坡州)에 꽃 피오

— 이동륜(李東倫) 여사(女史) 산수송(傘壽頌) 1

미륵산(彌勒山) 정기(精氣) 타고 익산 땅 왕궁(王宮) 터전
겨울 임진강(臨津江) 코스모스 시조문학(時調文學) 우뚝 서서
후학(後學)들 귀감(龜鑑) 설법(說法) 된 노을이 흐르는 강(江).

언제나 가족(家族)사랑 신사임당(申師任堂) 근본(根本) 받아
섬세(纖細)한 그 조예(造詣)가 시조사(時調史)에 빛나더니
저 눈꽃 열차(列車)를 타고 우주여행(宇宙旅行) 하셨는지.

왕궁(王宮) 탑(塔)은 지켜서서 정원(庭園)을 가꾸시듯
산(山)이 좋아서 큰 꿈도 자손(子孫)에 심었는지
서광(瑞光)이 파주(坡州) 땅에도 햇살처럼 빛나오.

임진강(臨津江) 갈대꽃은 서울 무지개 찬란(燦爛)하고
가슴으로 사는 법(法)이 통일촌(統一村)에 살더이까.
곧 땅은 목숨이기 극락정토(極樂淨土) 만들려고.

강화(江華) 바람 파평산(破平山)에 목련(木蓮)처럼 피었는지
꽃바람 풍경(風磬) 울어 불사조(不死鳥)의 행운(幸運) 몰고
끈질긴 여성(女性) 섭리(攝理)도 수(繡)처럼 꾸미소서

파도(波濤)

— 이동륜(李東倫) 여사(女史) 산수송(傘壽頌) 2

이울고
폭풍우(暴風雨) 맞고
밀려 온 나파선(難破船) 한 척(隻)

아파라, 가슴 아파라
지쳐 누운 바닷가에

파도(波濤)가
어루만지며
괜찮다, 이젠, 괜찮다.

(2016. 3. 29)

생각나는 사람

이 명 애(李明愛)

때때로 생각나는 사람이 있다는 건
얼마나 향기로운 일일까요?
때때로 보고 싶은 사람 있다는 건
얼마나 즐거운 일일까요?
세상은 떠나는 시간들 속에서
때때로 그리워지는 사람이 있다는 건
얼마나 다행스러운 일, 일까요?
그로인하여 비어 있는 인생길에
그리움 가득히 채워가며
살아 갈 수 있다는 건
얼마나 고마운 일일까요?
가까이 멀리 그리고
때로는 아주 멀리
보이지 않는 그 곳에서라도
끊임없이 생각나고 보고 싶고
그리워지는 사람이 있는다는 건
내가 아직 살아 있다는 느낌을

주는 일이 아닐까요?
아! 그러한 당신이 있다는 건
또 얼마나 아름다운 노을인가요?
언제나 힘이 되어 주는 벗이여!
님이시여! 내가 사랑하고
나를 사랑하는 사람들이여!

2015. 8. 5 〈말의 매력〉

우주선

이 상 범

이상한 딱정벌레 연잎 위에 앉아 있다.
어디로 튀어 갈지 자세히는 모르지만
딱 한 번 뛰었다 하면 동해 번쩍, 서해 번쩍.

녹색의 발사장에 우주선이 가동 준비
이번엔 금성일까? 아니면 화성일까?
신전의 큰 소바닥 위에 문명의 핵 앉아 있다.

* 중앙일보-이상범의 디카 시(詩)

향촌문학 꽃 필 때까지

— 성촌 이우만(城村 李愚萬 1932~2013) 선생을 애도하며

건지산(乾止山) 동북 쪽에 한사월 자리 잡아
호성동 덕진공원 넓은 들녘 펼쳐지고
가통을 소중히 여긴 선비정신 성촌님.

후백제 서울 도시 궁중음식 별미되어
호남평야 광야 들판 오곡이 무르익어
맛좋은 전주음식이 건강한 몸 되찾고.

임지왜란 호성군(湖城君) 나라에 큰 공 세워
자손만대 집성촌이 평화롭게 살아가고
소양천 맑은 물소리 노래하며 흐르네.

가람문학 창간호로 그 명성 떨치더니
향촌의 밤 그 좋은 칭찬 듣던 시조작가
시풍을 올곧게 세워 시맥도 지키소서.

평범 속에 숨겨 있던 비법을 간직하고
소박한 향토미를 창작해 온 그 솜씨
그 향운, 운광, 청절이 세상을 빛내가오.

* 〈향촌문학〉 2014 제 25집 (2013. 4. 29)

억새

이 정 원

영혼이 흔들리나 흰머리 풀어 놓고
하늘을 향한 절규 해일처럼 일어선다
차라리 듣지나 말걸 노을 안고 우는 소리.

그 오랜 몸부림을 바람결에 날려 보내고
눈물이 꽃이 되는 못다 한 그 사연을
훗날에 누구를 불러 질편하게 울어볼까

관음탑(觀音塔)

— 일묵 임영창(一默 林泳暢 1917~2001) 선생 2주기

어둠을 밝히는 해, 달로 떠
사파여로(娑婆旅路) 걷노라면

청죽(青竹) 같은 외 길 삶을
염불산(念佛山) 메아리 따라

층층이 쌓아 올린 백옥(白屋)돌
큰 나무로 지켜주고.

불심(佛心)만 곰 삭이던
우뚝 솟은 별빛 아래

산창(山窓) 하늘 산채 (山菜)향기
섬돌 가득 다사로 와

불타는 자비(慈悲)의 혼(魂)줄기도
온 누리 퍼질게오.

* 글탑-창간호 1994. 1. 29

불사조(不死鳥) 훨훨 날아

— 대청 장덕천(大淸 張德天)시백(詩伯) 희수송(喜壽頌)

지구(地球)처럼 돌고 도는 휠체어 돌아가도
인정(人情) 넘친 벙근 웃음 따뜻한 친절미(親切美)가
구김살 없는 인터넷 천만인(千萬人)을 보듬어.

연(蓮) 꽃봉오리 상인성공(商人成功) 대리점 경영법도
대청(大淸)의 시(詩) 쓰기, 마음공부, 좋은 글 발굴
가을에 떠난 사람이 바람에 흔들렸소.

즐거움을 찾는 미덕(美德) 시집(詩集) 속에 숨어 있고
상업의 경영방법(經營方法) 수필도 두 권(卷)이나
장애(障碍)만 좀. 남았을 뿐 벅찬 꿈도 캐내어.

브람스 자장가가 책장(册欌)과 CD룸 사이
수통 골 돌밭에 어둠은 아름답고
풀벌레 밤을 내 주고 또 시(詩)를 쓰시려고.

나는 소리부자(富者)다, 싸구려 친구(親舊)하다.
인생(人生)길 구비마다 천년불사조(千年不死鳥) 훨훨 날아
행복(幸福)한 산수(算數)까지도 쌓은 탑(塔) 눈부시오.

(2014. 1. 3)

강릉 태풍 훑던 비바람

— 백훈 정태모(晳訓 鄭泰模 1923~2010)사백 영전에

태백산맥 뻗어 내린 강릉 땅 내곡동엔
산골짜기 골 깊은 산새 산꽃 곱게 피고
가깝고 멀고 먼길 돌아 강릉 시내 찾던 길.

피나는 노력 문학수련 자유시도 십년 쓰고
서울신문 신춘문예 현대시조 당선되어
시, 시조, 새롭게 여는 시인으로 우뚝 섰네.

아이들이 주는 용돈 출판비 마련하고
문집도 스물다섯 문학 장르 제 각각
산새알 물새알 동요 불러 보고 싶고나.

태풍 루사 불던 비바람 밤잠도 건너 뛰고
가슴 앞 차 오른물 뒷동산 빠져 나와
수해로 가사 탕진한 마음 고생 컸으리오.

작가정신 뛰어나 동심의 그림자가
동시조는 내가 앞장 후기에 쓰고 있고
빛나는 문학 작품이 밝은 세상 등불되리.

* 태풍 루사 15호(Rusa. 2002. 8. 31)로 수해복구하였음.
* 강릉강수량 870.5mm(기네스) 5조원 재산 피해 2002. 8. 31주기 때

산빛 물빛 다 흔들고

정 표 년

언제 내가 높은 것을
바라기나 했습니까

언제 내가 귀한 것을
탐하기나 했습니까

섞어서 표나지 않게
그리 살고 싶었습니다.

* 정표년 시조집『산빛 물빛 다 흔들고』1999

가을 안부(安否)

정 현 숙

나뭇잎 수런수런 하늘 가득 물들이고
징이 되는 바람 소리 천지를 달구는 날
농익은 삽질소리가 편지 속에 담겨왔다.
울뚱불둥 늙은 호박 화전가에 저문 날은
우물가 동이 닮아 발그레 익은 사랑
사십년 끊긴 안부가 가을볕에 졸고 있다.

불화의 시대를 살아가는 이 아픔도
가을 햇살 스며들듯 가슴마다 심어주면
등 돌린 아픔의 땅도 엉겨붙지 않을런지.

* 정현숙 시조집『화포리에서』1991

오후의 햇살

— 청랑 조근호(淸浪 趙根鎬)

서천고을 달맞이 꽃
지금도 피더이까.
한산모시 그 당당함으로
불살라 온 젊음인데
당신이 그린 풍경화
굽이굽이 밀립니다.

사랑과 자상함으로
다독이던 어린 싹들
누군가 또 그렇게
북 주고 길러 주겠지만
그래도 마음 놓이지 않아
돌아, 돌아 뵙겠지요.

오후의 햇살은
참으로 아름다운 것
더위도 늦더위가

숨 막히게 하는 건데
당신의 뜨거운 혈맥에
시의 강이 있습니다.

놀뫼 뜰 달빛 밟기

— 조근호 교장(校長) 정년퇴임(停年退任) 공덕송(功德頌)

반야산(般若山) 낮은 해탈문(解脫門) 빠져나온 햇살처럼
논산평야(論山平野) 성동(城東) 땅 무지개로 뜨는 슬기
황산벌(黃山伐) 눈부신 달빛 바람타고 밟았는지.

사랑 애기 가꾼 문도(文道) 겨울 엽서(葉書) 붕, 띄우고
하얀 목련(木蓮)꽃 그림자 글 탑(塔) 쌓기 그 세월도
그대, 강 흐르는 갈채(喝采) 금관(金冠)꽃 장미 필 게고.

칠남매(七男妹) 가난 시련(試鍊) 끈질긴 달빛 밟기
아름다운 꽃나무로 보살피던 가위 손길
땀방울 핑그르 돌 때 따순 입김 감싸주고.

맑은 햇살 벙근 웃음 우뚝 선 하늘 탑(塔)도
하느님 넘친 찬가(讚歌) 쉴 참 된 인생(人生) 고개
기쁨만 한가득 차게 천추만대(千秋萬代) 빛나기를.

* 2013. 2. 28 지족산관촌집필실(智足山冠村輯筆室)
  -한글한문병용판

감

조 영 길

뜰에 익지 않은 감이 떨어진다
아흔의 아버님은 그걸 주워 들고
멍하니 바라보시며 손을 떨고 계신다

* 조영일 시조집 『시간의 무늬』 동방기획, 2008

손녀 사랑이 지극한 찬샘

— 찬샘 조일남(趙一男 1943~2007) 교장을 애도하며

버드내 산다 시조작품 학교 이름 고쳐주고
손녀 사랑 지극한 동시조가 너무 좋아
혀 짧은 아가들 발음 관심 많은 국어사랑.

가람문학 끌고 오며 한글사랑 힘써 오고
시조 쓰랴 동시조 쓰랴 바쁜 줄을 모르더니
때로는 시조집 책이 맑은 햇빛 쳐다보네.

장대같은 큰 키 체격 마음 좋은 얌전이로
수필 쓰면 아름답고 시조 쓰면 빛난 율격
비 갠 뒤 식장산 가니 정형시가 또 나와.

충남여중 육년간의 교육청 장학사로
소망원 열심 하늘 맑게 빛난 네잎 수필
어쩐담 큰 통일동산 재미있는 수필 쓰고.

마타리꽃 과꽃 화분 부지런히 가꾸시고
꽃 숲에서 익는 꿈이 은행 과일 익어가듯
발걸음 걷는 즐거움 꼬투리로 열매 맺네.

종각(鐘閣) 종소리 울려 퍼지듯

—소은 조혜식(素恩 趙憓植) 시백 산수공덕송(傘壽功德頌)

계족산(鷄足山) 산자락에 아침 햇살 솟아올라
새 소리 맑은 종소리 새로운 문도(文道) 앞에
곱게 핀 꽃동산 마냥 활짝 피는 서정시(抒情詩).

시(詩), 동시 동시조 백두대간(白頭大幹) 뻗은 문조(文藻)
철철 넘친 분수처럼 시상(詩想)도 줄기차게
먼 앞날 안씨문중(安氏門中)이 영원토록 지켜내리.

시(詩)로 엮은 인생(人生)길을 쇠공이처럼 다듬고
끈질긴 세상 피땀 절은 금수강산(錦繡江山) 수(繡)를 놓듯
큰 하늘 해맑은 시맥(詩脈) 천추만대(千秋萬代) 빛나리.

* 산수기념(傘壽記念)을 축하(祝賀)하며, 서울 공군회관 다이아몬드홀
(2012. 2. 12)

꽃 지는 날

주 영 자

흩뿌리는 꽃비 속에 침묵을 서성이며
가지마다 자지러진 외로움 털어낸다
그 꽃잎 볼이 터져라, 설음 모아 불어댄다.

사랑한 자리마다 몸 뉘는 낙화여
손 안에 숨긴 꽃잎 볼 부비다 잠들고
이 봄도 몰래 떠나며 그리움을 적셔 놓다.

* 대전문학 2016 여름호

마음이 흘러요

진 길 자

황지마을 변두리 달빛 아래 흰 메밀 밭
갈대와 바람은 하나로 사운대고
안부는 묻지 않아도 눈빛만으로 포근하다.

산비둘기 울고 간다. 적적한 사람 하나
눈빛에 묻어난 옛그림자 안쓰럽고
사랑은 마음 깊숙이 한쪽 노을이 된다.

접지 못한 마음 자락 바람에 날리면
용광로 하나 쯤 내 안에 걸어 볼까
홍매화 눈 뜨는 숨결 봄은 와도 봄은 차다.

* 진갈자 시집 『바람은 길을 안다』 2009

마이산(馬耳山) 그 품으로

—곡(哭), 그름재 박병순(朴炳淳 1917-2008) 선생님 영전에

진 복 희

생사를 넘나드는 숨 가쁜 고비에서도
내미는 손 그러쥐고 눈빛으로 건네시던
못 다한 정한(情恨)을 푸고 어찌 발길 떼셨나요?

치레할 줄 모르셨네, 꼬장꼬장한 선비로
반듯하게 걸으셨네, 숱한 제자 거느리고
아직도 카랑카랑한 그 음성 귓가에 쟁쟁한데.

시조사랑, 한글사랑, 끔직한 제자사랑
한결로 피어올린 뜨겁고 어진 손길이
오늘은 긴노래 숲으로 강물처럼 흐르는데.

구름재 박병순은 시조만의 마이산이다.
일찍이 노산선생, 이르신 말씀대로
으늑한 고향 품으로 들고 마시는 선생님.

무거운 책 보퉁이는 그만 내려 놓으소서
꿈에도 그리시던 가람선생 슬하에서
이제는 뜨거운 손 부여잡고 영원을 노니소서.

대한민국의 자랑

채 윤 병

이 겨레 새 역사를 오순도순 엮어 내려
반만년 참된 씨앗 이 산하에 뿌렸으니
대대로 뿌리가 내려 온누리를 밝히리.

해와 달 꿈나무들 흥에 겨워 화합하고
산자락 물굽이도 조국 찬가 읊어대니
대한의 오십년 흐름 별빛처럼 빛나네.

* 채윤병 시조집『섬강별곡(1)』2002. 서예작품.

세천 산골짜기 그 오솔길

천 숙 녀

고목나무 쓰러져 누었어도
칡덩굴 뻗어 기어오르다

쓰르라미 가락 뽑아
호박꽃 핀 여름 한나절

실안개 고갯마루 앉아서
솔바람을 다독거려.

* 천숙녀 『독도200선』-선총

능소화

최 숙 영

환하게 꽃 피우리라 밑그림을 그렸지만
다홍빛 그리움을 색칠하다 꽃진자리
담장에
그려놓은 꿈
다시 또 올려봅니다.

환하게 불 밝히라 목청껏 노래했지만
천성이 소심하여 서성이다 꽃진자리
심금을
울릴 한 편 시(詩)
꽃등불 달아 봅니다.

마지막 글 시(詩)

— 최인호(崔仁浩 1945~2013) 소설가 추모

먼지가 일어난다.
살아난다.

당신은 나의 먼지
먼지가 일어난다.

살아야 하겠다.
나는 생명 출렁인다.

* 출전(出典) 조선일보

포대화상(布袋和尙)*

전쟁 없고 질병 없고 욕심 없는 세상 살고파
항상 포대 걸머메고 빈민구제 나섰다고
이 세상 모든 사람들 포대화상 불렀네.

배가 불룩, 귀가 불룩, 건강 체구 욕심 없고
남 돕기 앞장서서 재미있는 일만 챙겨
착한 일 제일 많이 해서 칭찬 많이 받았네.

* 포대화상(布袋和尙) : 중국 당(唐)나라 때 계차(契此 ?~916) 스님, 포대(布袋)스님. 전쟁도 없고 질병도 없고 욕심 없는 세상을 살아가야 한다는 진리로 중국 계차스님이 항상 포대를 걸머메고 빈민구제를 하여 포대화상이라고 불렀다.

보배라는 것은

한 상 호

내 곳에 설령
황금 가득하여도
값진 보배 아님을
깊이 새겨야 한다

더 귀한 보배는
맑은 공기 샘이며
따스한 햇살이다
이러함에 한층
고마움 갖는 일이다
나날의 삶
고마워하며
기쁘게 사는 마음이다

우주 자연 섭리
그런 생명 법에
거스르지 않는
그러한 마음이
진정한 참 보배이다.

관촌 시백(冠村 詩伯)

다송 **한 영 필(多松 韓泳苾)**

칠팔(七八) 성상(聖常) 뿌리 깊은 늙은 나무 그루터기
곳곳에 가지마다 단풍잎 푸른 열매
대전천(大田川) 용의머리가 갑천(甲川)에 이무기.

부모(父母)에 입양(入養)하여 갑자을축 고희(古稀)라
인고(忍苦)에 세월 건너 오십 여년 예술 혼(藝術 魂)
청춘(青春)을 불태운 터전 하늘 높은 솟대하나.

을미(乙未)년 새 대문 열어 청마(青馬)가 내달리듯
힘찬 출발(出發) 소원하며 지난 세월 그 청춘에
빚지고 말로 갚는 천 냥 빚 죄송한 맘 짝 없네.

(2014. 12. 30)

봄비가 오네

— 다송 한영필 시인 희수축하송(喜壽祝賀頌)

낯도 몰랐던 다송화가(多松畵家) 시우(詩友)를
감자 꽃 필 무렵 예술가(藝術家) 눈에 띠어
이천구 오월십구일 시조집(時調集)을 청원(請願)했소.

봄비 꽃을 적시고 다송(多松)의 시화집(詩畵集)도
캄캄하게 내 몰랐던 그 숨은 다재다능(多才多能)
일필 획(一筆 畫) 동양화기법(技法) 고향 땅도 그립겠소.

서커스하는 쇠똥구리 동시조집(童時調集) 발간(發刊)하고
꿈결 같은 그림 조화(調和) 생활시(生活詩)의 즐거움도
영원한 절차탁마(切磋琢磨)길 온 천지(天地) 뻗어 가오.

(2014. 12. 31)

햇살기둥

다송 **한 영 필(多松 韓泳苾)**

을미년(乙未年) 햇살기둥
달동네 먼저 보고

문턱 넘어 진달래 꽃
별 꿈나라 아지랑이

꽃동네 글꽃 피는 곳
지족산(智足山) 관촌서원(冠村書院).

농약(農藥)을 세례(洗禮)받아
천국(天國)을 오락가락

어머니 눈물은
불당(佛堂)골 메아리 돌아

관촌(冠村)아.
꽃 향기 천리 가고(花香千里)
피, 땀, 눈물, 만리 향내(萬里香來).

(2015. 1. 9)

세상을 반쯤 열고

함 세 린

월명 산 하늘 저 끝
밝아오는 멀건 새벽

한 세상을 반쯤 열고
해돋이로 섰던 얼굴

뜨거운 입김 그대로
산처럼 살으련다.

말이 없는 세월 따라
푸른 날개 휘젓다가

제 푼수 닦아보다가
개벽도 열어본다.

천주님 찾아가신 하늘나라 먼 길

— 지춘 홍재헌(志春 洪在憲 1927~2013)님 영전에

새교실, 교육자료, 수필 쓰신 흔적 많아
주옥같은 글감들이 후배들의 본보기로
빛나는 수필문집도 하늘나라 올라갔네.

현대동시조 출판회 때 찾아오신 그 정성을
주고 받는 대화 속에 웃음소리 터져나와
만나면 수필 쓰시지 수필 숙제 또 주시고.

교사의 시선, 이유 있는 항변, 기뻐하며 사랑하며
사랑이 있는 풍경 멀고도 먼 길을
사랑의 눈으로 보고 한 세상 지냈어요.

하늘나라로 떠난 용전문사(龍田文士)

— 홍희표 시인(洪禧杓 1946~2012) 추모시

어군의 지름길로 청와집에 갔다가
주량 많은 숙취로 마음은 구겨지고
한 방울 눈물 속에도 살풀이가 있었네.

금빛은빛 빛난 시집 숨쉬기 모두모두 꽂
이스랭이 버드내에서 말 춤을 춤추다가
눈물점 박용래 시인 지금도 생각했나.

그대 곁에 없으니 물소리도 멈추고
늙은 호박 속에 뭐시 들어 있을까유
민들레 피리 보리피리 버들피리 불어도.

목척교 훌씨 날려 새끼손가락 내 걸고
무서워라 개망초 꽃 노고지리 울다가
곱씹음 되뇌임 외우다 천국 승천 떠났네.

동지 섣달 세찬 바람 옷깃을 파고들어
메서운 맹추위가 온 세상 덮쳐 와도
양지뜸 추모공원자락 마음 편히 누웠네.

(2012. 11. 26)

* 〈대전문학〉 2013 봄 제59호

3부
자작시 해설

관촌의 삶, 첫 작품과 시(詩)정신

1. 할아버지 훈장

무인년 (음)3월 20일 충남 서천군 기산면 막동리 127번지 외가에서 통천김씨중시조전직공파제21대 후손으로 아버지, 김중규(金重圭 1912~1986), 어머니, 교하노씨, 노경녀(盧庚女 1910~1992)의 3남2녀 중 장남으로 태어나 충남 서천군 비인면 관리 344번지 돌날 아침 할아버지 댁으로 돌아왔다. 비인공립보통학교(1945. 4. 1)에 입학하여 넉 달 반 다니며 일본말을 배우다가 일제강점기 해방(1945. 8. 15) 광복절을 맞이했고 한글독본으로 한글을 배우다가 한국전쟁(1945. 8. 15) 비인공립국민학교를 광복절 날 졸업했다. 우리 할아버지 훈장하실 때 석봉한호(石峯 韓濩 1543~1605) 천자문을 배우는데 이슬로(露), 맺을 결(結), 할위(爲), 서리상(霜)을 배울 때 할위자를 까먹어서 목침 위에 올라서서 종아리를 맞고 눈물 많이 흘렸다. 그후 종아리를 맞지 않으려고 암기력을 길렀던 것이 큰 재능이 된 것 같고 동몽선습 첫 장을 배울 때 중단했다. 가장 큰 장손자라 귀여움을 받았고 여름철 참외 밭에 원두막을 짓고 생활 하실 때 개구리참외를 따 주신 기억이 남아 있다. 초등학교에서 41년 11개월 동안 봉직하고 퇴임하였다.

2. 우리 고모 두둥가(두둥가-동요)

둥가, 둥가, 둥가야, 우리 애기 둥가야, 두둥가 두둥가 둥가야, 이쁜 애기 두둥가야, 군수할래, 도지사할래, 사또처럼 크거라.

3. 시행착오(試行錯誤)- 오열사(五烈士)

Ⅰ〉 오열사 충렬보다 더 힘찬 아주 굳센
　우리도 해 보겠다 마음 먹고 실천하면
　정성된 열사 마음이 우리 새싹에 퍼지리.
Ⅱ〉 묘소 앞 비석 앞에 무릎 꿇고 명복 빌어
　다시 한 번 다짐하니 본받을까 두려웁네.
　이 마음 굳게 지켜서 후손들에 물려주리.
Ⅲ〉 오열사 하신 일은 애국애족 충성 마음
　하신일 이어 받아 그 높은 뜻 계승하여
　보람찬 오직 한마음 천년만년 간직하리.

* 시평(詩評) 오세영 충남대교수

오열사를 비유하여 애국 충정을 기리는 시인의 마음이 진실 순박하게 표현되었다. 교육자로서 이러한 신념은 마땅히 강조되어야 할 줄 안다. 선생님의 교육자적 태도의 일단을 보는것 같아서 절로 머리가 숙여진다. 그러나 시는 교훈 혹은 진리를 전달하는 수단은 아니다. 결과적으로 그것이 교훈성을 갖는다, 해도 문학이 예술인 한, 어디까지나 미적 감동에 의하여 수행되어야 한다. 미는 형성해 내는 제 요소, 주 언어의 리듬, 이미지, 은유, 등 표현법에 좀더 우의하시면 좋은 시를 쓰실 수 있으리라고 본다.

— 출전(出典) : 독자시. 충남교육(월간). 1977. 5월호 제150호

4. 수필(隨筆)의 흔적

제일 처음 수필을 쓰기 시작했다. 1960년대 3.15 부정선거를 육군생활 할 때 치렀고 국방부에서 주관한 진중문예에서 〈용감한 사나이

화랑관창〉이 입상되기도 했었다.

1.새교실 1971. 9월호-동명이인(同名異人), 2.새교실 1975. 9월호-개구리도 배꼽이 있나?, 3.새교실 1976. 6월호-동가홍상(同價紅裳), 4.대전일보 1979. 2월-소망(所望), 5.새교실 1979. 5월호-시행착오(試行錯誤), 6.대전일보 1979. 8월-국기와 물자절약, 7.대전일보 1979. 10월-골목길에서, 8.대전일보 1980. 7월-전화유감(電話有感), 9.대전일보 1980. 9월-망둥이 I.Q, 10.도가니 제8집(1983)-아내와 제자, 11.교육자료 1983. 4월호-꽃상여집의 딸, 12.도가니 제9집-1984 낚시질, 13.오늘의문학제 10집(1986)-명당(明堂), 14.새마을신문(대전용전초등학교) 1987-가을, 15.새한신문(오백자춘추)-통일된 용어(1987. 8월), 16.국어교육창간호(1988. 5. 20) 제자가준 선물, 17.새교실 1989 3월호-말더듬이의 하소연.

1) 수필집-개구리도 배꼽이 있나? p126 우일사-군산 1982.
2) 수필집-말더듬이의 하소연 p149 대전문화사-대전 1989

서문(序文) 소박하고 진실한 자기 표현의 몸짓 –서문 중에서

이 분의 수필을 읽고 있노라면 물질주의와 황금만능주의에 혈안이 되어 살아가는 현대인들의 피맺힌 도시생활을 까마득히 떠나 와 있는 듯 하고 깊은 산속에 철 따라 익어가는 산 과일을 따 먹으며 자연 속에 파묻혀 살아가는 원초적 인간을 만나는듯 하였다. 그만큼 이 분의 생각은 꾸밈없이 순수하고 더할 나위 없이 소박한 감성을 지니고 있다. 이 수필집은 비록 일가를 이룬 수필가의 수필은 아니지만 진실한 교육자의 한 생활 속에 담긴 적나라한 생각들을 꾸밈없이 표현해 냄으로써 소박의 진실을 느끼게 한다. 〈김영배(金英培)1930~2009〉

5. 필화사건(筆禍事件)

제10대 국회의원 선거를 치러 낸 지도 벌써 석 달이 되었다. 벽보판의 일그러진 사진을 볼때마다 그 뒤처리가 깔끔했으면 얼마나 시원할까? 하는 아쉬움이 남는다. 그것도 지정벽보판이 따로 있으련만 요소, 요소마다 붙여 참정권의 의무를 다해야 된다는 뜻도 있고 빠짐없이 투표하여 국민의 권리를 바로 찾자는 슬로건 아래 적재적소에 부착했으리라고 생각한다.

우리는 하루 일과를 허송, 세월로 넘기는 것보다 좀 더 깊은 주의와 사고가 절실히 요구되고 있다. 어린이들이 후보자의 사진을 어떻게 만들어 놓았는지 살펴 본 일은 없는가? 수염을 그리고 안경을 그리고 눈을 찢고 입술을… 나는 이렇게 만들어 놓은 어린이를 탓하기 전에 우리 어른들의 반성이 촉구된다. 왜, 뒤처리를 깔끔히 하지 못했나? 마땅히 선거에 종사한 분이 뒤처리가 깨끗하여 비뚤어지게 커가는 어린이의 행실을 바로 잡아야 하지 않겠는가? 오늘날 우리 어린이는 어떻게 자라고 있는가? 어린이들의 건강은 좋은가? 어린이들의 생활과 환경은 어떤가? 또 교육은?…

세계 속의 한국 어린이 슬기롭게 키우자는 세계 어린이 해를 맞이하여 행정당국에서는 근본적으로 어린이 행정문제를 다루어야 한다고 호소하는 바이다. 일그러진 선거벽보, 그대로, 낙서 탓하기 전에 깨끗이 정리해야.

— 출전(出典) : 〈서울신문〉 1979. 3월 「독자의 편지」

6. 필화 사건 그 후

서울신문(1979)에 투고가 발표되자 공화당○○도지부, 충남교육감, 서천군교육청교육장, 학교장, 등등, 교육 세상이 한 때 뒤집어 졌다. 공화당도지부, 교육감, 경찰서장, 교육장, 협박, 위협, 공갈, 밥줄, 면직, 등 무섭게 내몰았다. 학교는 단축수업으로 오전에 끝내고 장항-서천경찰서 정보과에 두 번 호출 당하여 찾아간 일이 있다. 책상에 앉아서 무슨 이유로 투고했는지 〈사유서〉를 쓰라고 했다. 첫 번째는 아무것도 잘못한 것이 없으므로 사유서를 쓸 것이 없다고 했다. 두 번째 호출되었을 때는 초등학교 6학년도 전체의 대강을 알고 있다. 공화당도지부 위원장, 교육감, 교육장, 경찰서장, 학교장 등등, 전체의 대강도 모르는 분이 왜 자꾸 나오라고 하는지 그 이유를 모르겠다고 쏘아붙였다. 그대로 가시오, 그냥 집으로 돌아왔다. 학교장은 서천경찰서 정보과에 가서 어떻게 말했는지 궁금해서 물어 보았다. 높은 분들이 전체의 대강도 모른다고 답변했다. 그 후 밥줄, 인사이동은커녕 아무 일 없이 무사히 끝낸 사실이 있었다. 이러한 혼 줄을 당하고 수필은 절필했고 시(詩)를 쓰기 시작했다.

7. 관촌 수필의 절정

내가 세상에 태어났을 때는 일제 강점기. 초등학교(비인공립보통학교)에 다닐 때는 왜정말기 때여서 일본말을 배우다 8.15 해방과 함께 광복절을 맞이하면서 한글독본으로 우리말 한글을 배웠다. 6학년 때는 6.25동란(한국전쟁)으로 피눈물 나는 피난생활을 해야 했고 광복절날 비인보통국민학교를 졸업했다. 사범학교 다닐 때는 일주일에 국어시간이 겨우 두 시간, 밖에 배울 수 없었고 교육원리, 교육심리, 교육평가, 등 초등학교 교사자질향상을 높이는 교육을 받아 왔기 때문에 처음부터 글을 쓰고 짓는다는 문학창작은 거리가 매우 멀었었다. 더구나 전쟁 속에 폐허가 된 가난한 시골 농어촌 생활은 힘겨운 하루생활의 연속이었으며 보릿고개 넘기기가 무척 힘들었던 시기에 태어나고 자라왔기 때문이다. 이러한 사회적 환경과 가난한 궁핍생활에 허덕이며 지탱해 온 학업은 아름다운 글을 창작 할 수 있는 필요조건이 충족될 수 없었고 어머니의 손발톱이 다 닳토록 한산모시 짜기로 학비를 마련해 주셨다. 지금도 내 귓가에는 밤잠을 주무시지 않고 달 밝은 밤 귀뚜라미와 함께 모시 짜시던 어머니의 베틀소리 환상이 떠, 오를 때마다 끈질긴 사회변동이 그렇게 모질고 처참해야 했었는지 팔자타령을 해본 일이 한 두 번이 아니다. 〈중략〉

학교에 다니기보다 오히려 생명을 유지하기 위해서는 먹거리가 더 시급했었다. 다행히 바닷가 근처에서 농어촌 생활을 했기 때문에 바다 해산물이 먹거리를 해결해 주었고 상식이 모자라 독이 있는 고동, 류를 삶아 먹고 죽을 고비를 몇 번이나 뛰어 넘었는지 헤아릴 수 없을 정도이다. 청년기에 접어들면서 글쓰기를 체험한 것은 60년대 국방부에서 진중문예공모를 했을 때 화랑도 관창으로 입상해 본 경험이 있었고 이때부터 시행착오가 내 주변에서 맴돌고 있음을 깨닫고 지냈었다.

〈중략〉

60~70년대는 가정환경이 가난하여 농사를 지어가며 초등학교에 근무를 했었다. 우리나라는 새 천년 대를 맞이하면서 농업국가가 공업국가로 변모되었지만 60~70년대는 농공업을 위주로 하는 새마을운동이 일어났고 지붕개량, 생활환경개선, 등 〈잘살아보세〉 새마을운동 노래도 울려 퍼졌었다. 〈중략〉

8. 내 인생의 위기

농사를 지으려면 농약을 주물러야 한다. 학교생활이 끝나면 가난을 벗으려고 농사를 지어야 했다. 그 당시의 농약은 사람의 치사량을 생각하지 않고 오직 벼-목도열병 잡는데 신경을 썼기 때문에 아까운 청춘의 생명이 하늘의 별똥별처럼 뚝뚝 떨어졌다. 밤새 술다령화투로 노름하고 가정불화가 자살제로 추락하여 사회적 병폐로 이끌어 간 시대도 있었다.

〈중략〉

호랑이가 죽으면 가죽을 남기고 사람이 죽으면 이름을 남긴다는 속담이 있는데 그 이름을 남기는 방법이 여러가지가 있다. 70년대 6월 6일 현충일 날 뜨거운 땡볕 아래 농약을 뿜다가 논두렁에 쓰러졌다. 네 시간이 훌쩍 넘도록 저승에 갔다 왔다. 농약중독후유증이 일어나면 비가 온다는 일기예보는 엉터리가 되어도 내 다리는 빈틈없는 정확성 전자기계다.

다리가 뒤틀리고 발바닥이 찡긋거린다. 수은제로 만든 농약은 물보다 무겁기 때문에 배설이 되지 않기 때문이다. 망막도 저절로 떨어져서 망막박리대수술을 했었다. 60년대는 중 · 고등학교, 교육자격시험에 고배를 마셨고 초등학교 운동회 때 고깔소고춤 지도가 도전기라면 70년대는 문학의 기초를 다지는 체험기였다. 80년대가 실행기라면 90년대는 확충기였다. 교육자료, 새교실, 대전일보에 문을 두드리게 되었고 이때부터 전문적인 문학창작을 실행학 되었다. 〈중략〉

1) 농약중독 후유증

얇은 핏줄 얼어붙어 맨살 오른 뼈마디엔
끌어안고 부대 낌 파도 너울 정맥 돌아
생강은 깎지 않은 수염 뒤 켠 눈만 감아 내려오고.

찡긋대는 파돌기가 수천리 길 동맥 돌고
가다가 쉬어 갈지라도 멈추기를 그만 두고
두고 온 마음 한구석이 발 절임으로 돌아온다.

배고파 뒤틀어진 하얀 뱃살 흔들리다
땀방울 목 줄기 넘어 등뼈 옹이 돌아 설 때
눈빛은 까만 가로등처럼 푸른 별을 안고 있다.

— 출전(出典) : 〈문학사랑〉 2010 여름호

새천년이 밝아 오면서 〈대전동시조〉를 창간했는데 제5집부터 〈현대동시조〉로 개명하여 발간해 오고 있다. 이 현대동시조는 시조의 모든 가족이 함께 참여하여 살아 숨쉬는 터전을 마련하고 먼 앞날까지 전승되는 동시조를 키워 온 세상에 아름다운 동시조 꽃이 활짝 피도록 가꾸어 나가야 하겠다는 취지를 설명하였고 먼 앞날의 현대동시조 집념을 위시유한(爲詩流汗)-시를 위해서 피땀을 흘려야 하고, 위시유루(爲詩流淚)-시를 위해서는 피눈물도 흘려야 하며, 위시유혈(爲詩流血)-시를 위해서는 코피도 흘려야 한다는 집념을 불태우고 있다.

— 출전(出典) : 한국아동문예작가회. 제 62호 (2010. 7. 19)
〈향촌문학〉 2010 제21호

9. 내 인생의 최고 화젯거리(1)

초등학교 3학년 〈실과〉에서 〈병아리 기르기〉라는 단원이 나온다. 병아리 고르기를 배울 때 〈배꼽이 잘 아문 것을 고른다.〉라는 설명이 나와 있다. 우리들은 단적으로 생각 할 때 날짐승이 알로 깨어나는 동물은 배꼽이 있을 수 없다. 젖 빨이 동물들은 탄생하면서부터 젖을 먹고 자라지만 날짐승은 알에서 깨어 나와 모이를 먹고 자라기 때문이다. 그러므로 병아리에는 배꼽이 있을 수 없다. 내 수필집 제목이 『개구리도 배꼽이 있나?』라는 제목을 선정한 이유도 바로 여기에 있다. 그래서 배꼽은 두 가지가 있다는 사실을 상식으로 알고 있어야 한다. 모든 젖 빨이 동물들은 어미젖을 먹고 살아간다. 사람도 동물이기 때문에 젖을 먹고 빼꼽도 있다. 개구리는 72시간 안에 자라기 전에 현미경으로 볼 수 있고 병아리는 감별사가 암놈, 수놈을 감별할 때 골라낸다. 손쉽게 말해서 사람은 탯줄을 잘라낸 배꼽 흉터가 남아 있지만 날짐승, 병아리는 흉터가 없는 것이 특징이다.

10. 내 인생의 최고 화젯거리(2)

초등학교 가을운동회가 시작되면 여선생님이 아무리 많이 모인 학교라도 소고놀이를 단골 멤버로 알아준다. 1962년 9월 1일자로 전북 금산 군석동 초등학교로 근무지를 옮겼다. 때마침 가을운동회가 시작되었다. 우리 학교는 학년마다 한 개 반이었고 여선생님이 없어서 전교 보건체조와 무용지도를 내가 치러냈다. 5.16혁명 이후 재건촉진회가 있었지만 호루라기도 없어서 목청을 많이 사용했기 때문에 목청이 과로해서 말이 잘 나오지 않아 고생한 일도 있었다. 내가 지도 했던 소고놀이에 농악을 맞추려면 다음과 같은 한국농악이 필요했고 평택농악(웃다리농악)을 울려서 소고놀이를 지도했는데 리듬과 동작의 조화가 어우러 질 때 멋의 맵씨가 극치를 끌어 올려 뱅뱅 도는 동작이 어린이들의 천진난만한 웃음을 감상하고 그 진미를 맛 볼 수 있을 것이다. 참고로 무형문화재로 지정되었고 유네스코 무형문화유산으로 한국농악이 지정된 것은 다음과 같다.

한국농악-유네스코세계무형문화유산

1. 진주삼천포농악-제11-가호. 1966. 지정.
2. 평택농악(웃다리농악)-제11-나호.1985. 지정
3. 이리농악(호남우도농악)-제11-다호. 1985. 지정
4. 강릉농악(영동농악)-제11-라호. 1985. 지정
5. 임실팔봉농악(호남좌도농악)-제11-마호. 1985. 지정
6. 구례진수농악-제11-바호. 2010. 지정

초등학교 운동회 때 소고놀이를 지도한 초등학교는 금산석동초등학교, 서천서면, 서천비남, 서천판교, 서천장항초등학교에서 지도했으며 장항읍민체육대회 때 찬조 출연을 했었다. 또 제12회(2002) 전국장구장단경연대회(대전예술-예술가의집-구, 시민회관) 심사위원, 입상자 상장을 써 주기도 하였다. 우리나라 소고놀이에는 고깔소고춤과 채상소고춤이 있는데 고깔소고춤은 머리에 고깔을 쓰고 농악을 울려서 리듬에 따라 동작으로 움직이는 형태를 의미하며 신체적 발달이 어린 초등학교 어린이에 적합하고, 채상소고춤은 소고자가 기예적 동작을 연출하고 상쇠자가 머리고깔에 긴 띠를 매달아 공중으로 뱅뱅 돌려 관중들의 감동을 끌어 올리는 동작을 의미하고 있다. 오늘날에는 소고놀이도 많이 발달하여 채상소고춤도 초등학교 어린이들에게 지도자가 탄생하고 있지만 1960년대는 고깔소고춤만 지도하였다.

11. 시(詩)의 첫 작품

1) 동시

〈글 짓는 마음〉

조그만 일기도 날마다 안 쓰는 어린이
어려운 글을 지을 때도 "나는 못지어"
포기하는 어린이, 그런 어린이 마음속엔
절망만 자꾸 늘어간다.
조그만 일기도 날마다 꾸준히 쓰는 어린이
누가 흉을 보아도 용기를 갖는 어린이
그런 어린이 마음속엔
희망과 슬기가 넘쳐흐르고
그런 어린이 마음속엔
글 짓는 재주가 자꾸 커 간다.

2) 시조(時調)-교육자료

- 바느질-1회 추천 (1987)
- 저녁놀-2회
- 홍도-3회 추천(1988) 완료

3) 수필-새교실

교단 아라비안나이트 76화(話)

4) 시-삼월이 오면

중도일보-1981. 3월

5) 평론-문학사랑 2004

정완영동시조의 시어적 이미지 연구

6) 평설

한국현대시조의 연구와 향방 2014

— 출전(出典) : 〈대전일보〉 1977. 12월

12. 관촌 문학작품의 등단

1)수필-새교실-아라비안나이트 76화(話) 1971. 9월호

2)동시-대전일보-글짓는 마음 1977. 12

3)시-중도일보-삼월이 오면 1981. 3월

4)시조-교육자료-바느질(1987), 저녁놀, 홍도(1988)

5)평론-문학사랑-정완영 동시조의 시어적 이미지 연구 2004

6)평설-한국현대시조의 연구와 방향 2014

‖ 저자 약력 ‖

■ 본명 : 김창현, 아호 : 관촌(冠村), 필명 : 금촌(金邨)
■ 생년월일 : 무인년(戊寅年) 3월 20일 (음력)
■ 학력 : 국립군산사범학교, 한국방송통신대학교 졸업
■ 교육 : 초등학교 교사, 교감(1959.3.31.~2001.2.28.)
■ 훈장 : 대한민국국민훈장 〈동백장〉 수훈

■ 문력 :
《교육자료》 (월간) 시조 1회 추천(1987)
《교육자료》 (월간) 시조 2, 3회 추천(1988)
《시조문학》 (계간) 초회 추천(1990)
《시조문학》 (계간) 2, 3회 추천(1991)
《아동문예》 (격월간) 동시 추천(1993)
《문학사랑》 (계간) 평론 「정완영 동시조의 시어적 이미지 연구」 (2004)

■ 경력 :
1991. 한국문인협회, 한국시조시인협회 회원
1991. 전국한밭시조백일장 심사위원
1993. 한국아동문예작가회 회원
1993. 대전시조시인협회 사무국장 역임
2000. 아동문예문학상 예심위원
2010. 문학사랑(계간) 신인상 심사위원
2011. 문화체육관광부, 기획재정부, 한국문화예술위원회,
복권위원회 공동보조금 받음

■ 문학상 :

1980. 전국청소년의달 내무부 치안본부장상 - 표어 부문
1992. 제23회 전국통일문예현상공모 최우수상(부총리겸통일원장관상) – 시 부문
1993. (사)한국아동문예작가회 아동문예문학상 - 아동문예 부문
1994. (사)한국아동문예작가회 한국동시조문학상 - 아동문예 부문
1999. 대한민국국민훈장 동백장 수훈
2003. 한국불교문인협회 한국불교문학상 - 시조 부문
2003. 문학사랑 인터넷문학상
2004. 시와시조(계간) 황산시조문학상 - 시조 부문
2005. 한국문인협회대전지회 대전문학상 - 시조 부문
2009. (사)한국아동문예작가회 한국청소년문학상 본상 - 아동문예 부문
2013. 시조문학(계간) - 시조문학 공로상
2013. 한밭아동문학 아동문학상 - 한국동시조문학공로상
2013. (사)한국아동문예작가회 대한아동문학상 - 아동문예 부문
2014. 대전시조시인협회 한밭시조문학상
2016. 제15회 정훈문학상 대상 수상

■ 저서 :

1. 개구리도 배꼽이 있나? 수필집. p.126. 우일사(군산). 1982.
2. 말더듬이의 하소연. 수필집. p.149. 대전문화사(대전). 1989.
3. 가슴냇가에 흐르는 사랑. 시조집. p.154. 호서문화사(대전). 1991.
4. 바람이 밀어주는 그네. 동시조집. p.115. 아동문예(서울). 1994.
5. 이승과 저승 사이. 시조집. p.98. 아동문예(서울). 1995.
6. 세월의 길목. 시조집. p.111. 분지(대전). 1996.

7. 고향노래. 동시조집. p.115. 아동문예(서울). 1998.
8. 불당골 메아리. 시조집. p.124. 오늘의문학사(대전). 2000.
9. 고향햇살밭. 평시조집. p.167. 오늘의문학사(대전). 2001.
10. 달동네 판소리여. 시조집. p.131. 오늘의문학사(대전). 2002.
11. 배흘림 햇살기둥. 시조집. p.126. 오늘의문학사(대전). 2003.
12. 낮달 뜨는 고향 언덕. 동시조집. p.131. 아동문예(서울). 2003.
13. 아지랑이 일던 가슴. 장시조집. p.159. 오늘의문학사(대전). 2005.
14. 문턱 너머 지구촌. 시조집. p.126. 오늘의문학사(대전). 2006.
15. 햇살이 길게 누울 때. 공동시집. p.135. 태극(서울). 2007.
16. 별꿈나라 꽃대궐. 사설시조집. p.127. 오늘의문학사(대전). 2007.
17. 한국현대동시조전집(엮음). p.265. 오늘의문학사(대전). 2009.
18. 월명산 진달래꽃. 시조집. p.143. 오늘의문학사(대전). 2010.
19. 글꽃 피는 꽃동네. 동시조선집. p.146. 오늘의문학사(대전). 2011.
20. 한(恨) 많은 어머니 눈물. 시집. p.134. 창작교실(대전). 2012.
21. 한국 현대시조 연구와 향방. 평설집. p.789.
오늘의문학사(대전). 2014.
22. 등대 도깨비. 동시집. p.131. 아동문예(서울). 2014.
– 세종도서문학나눔2014
23. 대청호 오백리 길. 시조집. p.140. 오늘의문학사(대전). 2015.
24. 추억은 아름다워. 시조집. p.160. 오늘의문학사(대전). 2017.

추억은 아름다워

김창현 시조집

발 행 일 | 2017년 4월 28일
지 은 이 | 김창현
발 행 인 | 李憲錫
발 행 처 | 오늘의문학사
출판등록 | 제55호(1993년 6월 23일)
주　　소 | 대전광역시 동구 대전로 867번길 52(삼성동 한밭오피스텔 401호)
전화번호 | (042)624-2980
팩시밀리 | (042)628-2983
홈페이지 | http://www.lito77.co.kr(홈페이지)
전자우편 | hs2980@hanmail.net

공 급 처 | 한국출판협동조합
주문전화 | (070)7119-1741~2
팩시밀리 | (031)944-8234~6

ISBN 978-89-5669-812-0
값 12,000원

* 이 책은 대전문화재단과 대전광역시 DAEJEON METROPOLITAN CITY에서 사업비 일부를 지원받았습니다.

* 이 책은 ㈜교보문고에서 E-Book(전자책)으로 제작 · 판매합니다.
* 잘못 제작된 책은 바꾸어 드립니다.